DAVID FRIEDRICH

SOLANGE ES DRAUSSEN BRENNT

SATYR VERLAG

1. Auflage Oktober 2016

© Satyr Verlag Volker Surmann, Berlin 2016
www.satyr-verlag.de

Covergrafik und Illustrationen: Timo Zett (www.timozett.de)
Autoreninfoto Innenklappe: Jan Brandes
Korrektorat: Jan Freunscht
Audioaufnahmen: Vredeber Albrecht (www.audiofenster.de)
Druck und Bindung: CPI Books | Clausen & Bosse, Leck
Printed in Germany

Die Deutsche Nationalbibliothek verzeichnet diese Publikation in der Deutschen Nationalbibliografie; detaillierte bibliografische Daten sind im Internet abrufbar über: http://dnb.d-nb.de

Die Marke »Satyr Verlag« ist eingetragen auf den Verlagsgründer Peter Maassen.

ISBN: 978-3-944035-79-6

INHALT

1. FUNKE

Fenster zur Welt 13
Die Orangenlimonade 17
Fragen zum Frühstück 22
Islamwissenschaften 28
Mike und die Werbung 33
Drück, Diggi, drück 39

2. FEUER

Heiter bis wolkig 47
Satznomaden 51
Je suis Siegfried 56
Konturen 61
Kopfrechnen 65
Glück auf 71

3. ASCHE

Randale und Liebe 79
Es juckt noch ein bisschen 85
Vergessen verdienen 92
Zukunftsvisionen 97
Die Carazza 102
Staub 105

VORWORT

Michel Abdollahi

Unsere Welt ist so sicher wie noch nie zuvor. Wir werden immer älter. Und immer gesünder. Von ein paar Millionen fettleibigen Mexikanern abgesehen. Aber auch denen geht es besser als früher. So wenige Kriege wie in den letzten Jahrzehnten gab es noch nie. Unzählige Krankheiten sind ausgemerzt. Im Iran etwa kriegen die Frauen nur noch zwei statt sieben Kinder, und die Menschen leben im Schnitt 71 Jahre statt 42.

Schon mal was von Professor Hans Rosling gehört? Man findet ihn bei YouTube. Rosling bestätigt ziemlich unterhaltsam und ziemlich belegbar: Die Welt ist gar nicht so schlecht, wie wir denken. Wahrscheinlich sind wir die glücklichsten Menschen, die je gelebt haben. Tatsächlich. Hört sich komisch an. Ist aber so. Denn Glück, das sagt David Friedrich ja schon, ist eine gute Gesundheit und ein funktionierender Schluckreflex. Hört sich auch komisch an. Ist aber wahrscheinlich auch so. Gibt nämlich für viele gar nicht mehr so viel zu schlucken, und damit meine ich nicht das Blähbauchbaby in Mogadischu.

Was brennt hier also überhaupt?

Nun, vor Kurzem war ich offline. Ganz analog wie früher, wobei dieses »früher« erst vor ziemlich Kurzem war. Offline war die Welt schön. Die Menschen hatten sich lieb, alles so friedvoll, jeder ging seiner Sache nach, hier und da ein paar Gedanken, etwas Zeitung lesen, einige Meldungen, Austausch mit Menschen am Tresen oder in der Schlange beim Bäcker. Eine glückliche Welt, die beste, die wir je hatten. Und dann kurz online, Facebook, Twitter, Newsblog. Oh Gott! Krieg, Krankheit, Verderben. Überall Meinungen und Kommentare, alle schreien. Überall Elend, die Welt brennt, und wir können sie nicht mehr löschen. Als ich kurz davor aus dem Fenster rausschaute, sah alles noch so gut aus, wie konnte ich die Flammen nicht sehen? Dann plötzlich Akku leer. Brand gelöscht, Glück gehabt. Geht auch einfacher, wie ich gelernt habe, denn es gibt mittlerweile Filter, die politische Inhalte in sozialen Medien blocken.

Wollen wir das? Völlige Ignoranz? Wenn man will, dass einem nicht der Kopf explodiert, man ein ruhiges und glückliches Leben führt, dann ja. Aber wer will das schon?

Die Welt brennt immer nur da, wo wir unsere Kameras aufstellen. So ist es für uns zumindest. Es ist keine Ignoranz, wenn mal keine Kamera aufgestellt ist, es ist normal. Nur werden heute sehr viele Kameras aufgestellt, und da ist es nicht verwunderlich, wenn der Eindruck entsteht, wir lebten in der schlimmsten Phase der Menschheitsgeschichte.

Denken wir mal an den Uninteressierten, den Ahnungslosen, den Sorglosen, den Lebemann. Für den brennt die Welt nie. Zumindest solange sie ihn nicht direkt betrifft. Wir brauchen mehr von dieser Gelassenheit, der Gelassenheit der Oma im Bergdorf, deren Facebook nur der Blick aus ihrem Fenster zum Hof ist. Wer den großartigen Hitchcock-Thriller gesehen hat, wird jetzt aber einwenden, dass erst der Blick aus dem Fenster schlussendlich (Achtung, Spoiler!) zur Überführung eines Mörders geführt hat. Also was jetzt?

Nun, manchmal bedarf es feinsinniger Beobachtung und kluger Auseinandersetzung mit jenen Themen, die uns beschäftigen, und mit jenen, die uns beschäftigen sollten. David Friedrich ist so ein Filter. Denn er präsentiert uns in einer unglaublichen Vielfalt, das, was da draußen so passiert. Er dichtet und reimt, flüstert und schreit, aber genauso relativiert er und fasst zusammen. Er bringt das, was viele denken, auf den Punkt. In fünf Minuten. Immer. Und das so wie kein anderer auf den deutschsprachigen Poetry-Slam-Bühnen. Das sage nicht ich, das sagen alle anderen – Kollegen wie auch Zuschauer. Nicht die Siege geben ihm recht, es ist die Zustimmung.

Ich moderiere David nur an und sehe ihn nur von hinten. Dafür sehe ich die Gesichter der Zuschauer aber immer sehr genau und darin stets so vieles, was ich hier nicht aufzählen kann. Mein Glück ist es, dieses Buch schon oft vorgelesen bekommen zu haben, von David selbst, auf unzähligen Slams, live von der Bühne aus. Vieles habe ich erst beim nächsten Mal verstanden, vieles erst beim übernächsten Mal neu entdeckt.

Braucht es mehr Slam-Bücher? – Diesmal schon, sonst versteht man gar nicht, was der Junge da so alles zusammenreimt und wie genial das ist. Das wäre schade, denn David ist mein Fenster zum Hof, er macht auf das aufmerksam, worauf aufmerksam gemacht werden muss. Dafür wird er zu Recht gefeiert.

Am Ende wird der Brand nicht gelöscht, das ist auch nicht die Absicht dieses Buches. David Friedrich kriegt die Flammen für uns in den Griff, damit wir wieder gerne aus dem Fenster zum Hof schauen. Aber seien wir ehrlich: Er ist bei Weitem nicht so cool wie James Stewart.

Panama City, August 2016

1
FUNKE

FENSTER ZUR WELT

Sie würde so gerne mal die Welt sehen
Doch blickt nur aus dem Fenster zum Hof
Weil neben Mut auch noch das Geld fehlt
Ist sie eigentlich mental schon tot

Optisch ist sie wie von Picasso gemalt, diese Frau
Kein Kubismuswitz, wartet nicht drauf
Denn vom Ehemann geschlagen ist ihr Auge
Auch phasenweise blau

Aber es reicht, um rauszugucken, es ist etwas zu hell
Das Wetter ist heute sensationell
Und sie macht den *Fernseher zum Hof* aus
Und guckt raus aus ihrem *Fenster zur Welt*:

Die Oma lehnt schlecht gelaunt am Geländer und bellt
Ein kleines Kind rennt da ganz schnell
Während es in seinen Händen 'nen grellen Lenkdrachen hält
Vorbei an der Vorortversion von 'nem Gangsterkartell
Die Jungs sind keine 17 und machen nur Stress anstatt Geld

Ihre großen Brüder machen im geleasten Benz hart auf Welle
Kritisch beäugt von Rentnergestellen
Die im Café Averna auf Eis in undenkbaren Mengen
Und Rohkoststicks in 'nem umfunktionierten Senfglas
                                          bestellen
Die Bedienung hat sich in den Bart zwei kleine Zöpfe geflochten
Er hat den obersten Hemdknopf zugeknöpft
Aber alle anderen Knöpfe sind offen
Der junge Typ am anderen Tisch denkt
Dass er auch so 'nen Fummel braucht
Im Gegensatz zu seinen Kollegen
Die regen sich über Mats Hummels auf
Fußball interessiert ihn wenig, er mag Mode lieber
Und alle tragen rote Sneaker
Sie hingegen findet Style zu oberflächlich
Fragt sich lediglich:
Warum werden die Nikes so schnell dreckig?
Sie holt sich gegenüber einen Eiskaffee und setzt sich
Versucht, Blickkontakt aufzunehmen
Doch er ist mit seinem iPhone sehr beschäftigt
Angestrengt auf den Bildschirm guckend
Für die Hübsche ist er blind
Denn um das Level zu gewinnen
Muss er genügend Früchte verbinden
Und der türkische Obsthändler macht ein krasses Angebot
Nur was will ma' jetzt mit drei Riesenwassermelonen?

Es ist heiß
Alle Fenster empfangen die Temperaturen mit offenen Armen
Die selbst gemachten Limonaden locken das Warme

Trotzdem zieht primär der Smog durch die Straßen
Atemgassen, Luftwege zu verstopft, um zu atmen

Blind und unbedacht folgen Jünger den Propheten
Und alle haben anstelle von Mündern Trompeten
Zündende Ideen nur, um brandschatzen zu gehen
Der andere hat, was ich nicht habe: Sandkastenprobleme
Dürre in den Köpfen, vergessen sind die einstigen Wunden
Und um alles in Brand zu setzen, reicht ein einziger Funke

Roter Punkt im reinen Dunkeln
Mitten am helllichten Tag glimmt er in der Nacht
Dieser finsteren Stadt
Kinder der Nachbarn
Hätten bestimmt nicht gedacht
Dass das große Feuer dieses Jahr nicht an Ostern ist

Während die arbeitslose Mutter vor dem Tablet im Koma sitzt
Und sich ein Funke der Zigarette durch den Bezug des Sofas
                                                                         ritzt
Und während der Nachrichtensprecher den Anschlag erwähnt
Wird nebenan schon der nächste Brandsatz gelegt
Im Kopf der jungen Janina, 13 Jahre, Einzelkind
Papa erklärt, wer heutzutage unsere Feinde sind
Auf dem Schulfest, der süße Junge, mit dem sie da tanzte
Nein, das mit Serhad wird wohl keine Teenieromanze
Obwohl es zwischen den beiden erst geknistert, dann gefunkt
                                                                         hat
Vergiss deinen Grundsatz
Und füge dich dem misslichen Umstand

Das Licht in unseren Augen ist zu müde
Wir sind Schiffsschrauben in der Wüste
Stehen bedeutungsvoll rum
Getäuscht und dumm
Von ungeprüften Äußerungen

Drehen uns im Kreis, aber bewegen nichts als Staub
Beten für unser Heil, ohne an Schicksal zu glauben
Wir sind Schiffsschrauben in der Wüste
Und wir warten auf Wasser
Wir warten auf Wasser, wir warten auf etwas, das bleibt
Öl für das Getriebe, Luft für die Lungen
Actimel für dein Immunsystem, etwas Aloe auf deine Wunden
Likes für die Seite, Kommentare gegen die Langeweile
Rosenwasser in die Seife, aber kein Training für die Beine

Wir sind mal wie Windmühlen im Vakuum
Wedeln mit den Armen, stehen planlos rum
Mal folgen wir blind einer Richtung
Ohne zu checken, wo es hingeht
Zeigen immer schön Flagge
Je nach dem, wie der Wind steht

Da sind riesengroße Schiffsschrauben mitten in der Wüste
Da ist Sand im Getriebe
Öl verbreitet sich in der Lunge
Sie schnippst die Zigarette aus dem Fenster
Es reicht ein einziger Funke

Diesen Text anhören:
http://satyr-verlag.de/audio/friedrich1.mp3

DIE ORANGENLIMONADE
(MIT DEM EXTRA NEU ENTWICKELTEN
RETRODESIGN)

Ich bade im Lichte der neuen Avantgarde hier im Viertel
Ja, gerade im Gewimmel auf der Straße ist es himmlisch
Alle tragen nur noch Vintage und bemalen sich mit Pinseln
Lesen Romane auf dem Kindle, vertragen nur noch Dinkel
Was machen, wenn Gluten so gar nicht mehr in ist?
Von Laktose und Glutamat wird dir schwindelig?
Trage dein Image so vor dir her, dass es auch jeder sehen kann
Und belagere, bitte, damit das Village
Wo es wahnsinnig chillig und frühabends schon still ist
Weil der Sojabratling auf dem Grill schwitzt
Und die Pastinake schon im Dill sitzt
Das ist neu
Das ist modisch und vor allem gar nicht so billig
Fair-Trade-Kaffee geparkt auf dem Hintersitz
Weil da jetzt Platz, so ganz ohne Kinder, ist
Denn die sind auf dem Waldorfcollege irgendwo in Kanada
Zwei-, dreisprachig aufwachsen und grinsen vor der Kamera
Oder antiautoritäre Erziehung: Klar, mein Schatz
Nimm ruhig deine Wii mit ins Bett

Und aus Trotz werden die Kinder dann spießig und rechts
Die grüne Kiste wartet vor der Tür mit frischem Obst und Gemüse
Doch heimlich essen sie Dosenravioli und Brot aus der Tüte
Bei McDonald's schieben sie sich statt Pommes Gartensalat rein
Mit Plastikgabeln ohne Weichmacher, ganz phthalatfrei
Ab und an ein Stück Fleisch – natürlich nur wenn das Rind
  alt und schwach war und nach drei Jahren im Krankenhaus
  gesagt hat: »Bitte, zieht den Stecker, bitte, ach was, ich ziehe
  ihn selber!« Aber dann richtig mit Röstzwiebeln und Kräuterbutter. Gönn dir, Gutmensch! Nimm doch dazu Senf! Den
  gibst du doch sonst auch so gern dazu.
Du bist engagiert und trägst eine selbst gestrickte, rosa Jacke
Der Vanillesirup riecht sehr streng in deiner Sojalatte
Erklärst mir die Echtheit der Welt und bist selbst eine Attrappe
Du redest so viel
Und ich glaube, an deiner Backe klebt noch Kacke
Hast 'ne feuchte Aussprache, kannst auch recht dick auftragen
Und man sieht dich auch häufig laut schnaufend ausatmen
Kritisch kopfschüttelnd
Einen dich nicht zufriedenstellenden Artikel im Stern lesen
Wir zwei haben was gemeinsam
Wir beide können dich nicht ernst nehmen
Du warst mal in Norwegen
Und umarmst gerne Bäume
Bei dir trägst du einen Jutebeutel voller Träume
Das steht zumindest drauf
Darüber gemalt ist ein Smiley, der verträumt guckt

Zeig mal echte Emotionen
Anstatt diesen weichgespülten Pathoskitsch

Zeig mal dein wahres Gesicht
Auch auf die Gefahr hin, dass du ein Arschloch bist
Sei mal lieber echt und dafür ein bisschen scheiße
Als fake zu sein und nur polierte Witze zu reißen
Denn wir sind anders geworden, sprechen mit anderen Worten
Die üblichen Floskeln sind spannender geworden
Auf einmal bist du doch in Berlin-Spandau geboren
Jaja, ursprünglich kommst du auch aus Berlin, aber aufgewachsen bist du in Paris, in London zur Schule und dann für ein Jahr mit einem Student-Exchange-Programm in die USA gegangen, wo du bei einer sehr religiösen Familie in Illinois gelebt hast; dann hast du dein Bac, deine Matura, dein Abi und eine Ausbildung zu Handelskauffrau und -mann parallel gemacht; hast dann jeweils ein Semester in Bonn, eins in Hildesheim und eins in Jena studiert, Kultur-, Medien-, Kommunikations-, Theater- und Politikwissenschaften, superinteressant, bevor du dann aber doch in einen Ashram in Indien gegangen bist. Da hast du dann eine Ayurvedakur gemacht, und du musst sagen, so ein Einlauf, der reinigt und entgiftet nicht nur, nein, bei so einem Einlauf, da lernt man sich auch selber besser kennen. Aber dann in Mogadischu, dieses Straßenkind, das hat dich für immer verändert, man kann es auch auf deinem Facebook-Profilbild sehen. Du hast da extra ein paar Fotos gemacht, als Erinnerung an die gute Zeit da unten. Das Kind ist mittlerweile tot, aber in deinem Herzen lebt es weiter.

Deine Timeline platzt aus allen Nähten
Druck die Kackposts aus, und bastele daraus Tapeten
Egal wo du warst, du bist immer nur Tourist gewesen

Hast die Welt immer nur durch eine Canon mit Blitz gesehen
Du meinst, du hast die Welt gesehen, aber was bedeutet das?
Jetzt, wo dein Reisepass mehr Stempel hat, als du Freunde hast
Du trinkst, um zu vergessen, dass du nüchtern unerträglich bist
Weil du versuchst, etwas zu sein, was du nicht sein musst
Und das verstehst du nicht
Sei einmal in deinem Leben ehrlich zu dir. Sei einmal real
Sieh dem Teufel in die Augen, und sehe es ein: Manchmal
Muss man gebrochen werden, um fester zusammenzuwachsen
Also brich ruhig. Ist schon okay: Brich ruhig
Du musst den Leuten nicht erzählen, was du nicht gesehen hast
Du gehörst zu denen
Die, wenn sie in eine Ausstellung gehen
Jedes Bild fotografieren
Mit einem Tablet, das größer als das Bild ist
Die schönsten Momente des Lebens verpasst du
Weil du auf den falschen Pillen bist
Bestellst deinen Tofuburger mit einer Extraportion Speck
Herzlichen Glückwunsch, du bist weak. Aber vegan weak
Fair Trade weak. Straight edged weak. Politisch korrekt weak
Wenn dir Weakness als Begriff nichts sagt, google es gerne.
 Auch gerne jetzt in diesem Moment, ich hab Zeit. Ehrlich.
 Ich verstelle mich gerade nicht
Nein
Ich gelobe, echt zu sein
Ich gelobe, echt zu sein
Ich gelobe, einmal in meinem verfickten Leben echt zu sein

Und gebe dir laktosefreiem halbem Hemd heimlich normale
 Vollmilch in deinen Kaffee und schmunzele in mich rein,

wenn du dann pupsen musst. Das ist Humor. Das ist echt. Jetzt frag mal deine Apple Watch, was das für deine Gesundheit bedeutet. Trinke deine Fanta im Retrolook, und nimm die Flasche danach gerne mit, wenn du sie so cool findest. Packe ein kleines Blümchen rein, und stelle sie auf deinen Küchentisch. Aber steh dazu. Sei echt. Bitte, versuche es wenigstens. Ich weiß, du schaffst das.

FRAGEN ZUM FRÜHSTÜCK

Träume und Gedanken tanzen noch wie Affen im Wald
Ich wach und stehe auf
Ich spüre da so ein starkes Kratzen im Hals
Also setze ich einen Tee auf

Du setzt dich zu mir und lächelst
Doch das wirkt irgendwie so aufgesetzt
Generell wirkt alles an dir heute so aufgesetzt
Du setzt dir eine falsche Identität auf
Die du danach von der Steuer absetzt
Doch dein wahres Gesicht zersetzt sich zu Brotkrümeln, die du verstreust, um deinen Weg zu finden
Aber dein Ziel findest du nicht
Siehst du irgendwie schlecht? Dann iss doch mehr Mohrrüben

Eine Mücke ist noch kein Elefant
Und ein Wärmepad noch keine Heizung
Bauchschmerzen sind noch keine Schwangerschaft
Und Sackhüpfen ist noch kein Eisprung

Ich lese Zeitung
Ohio: Ein Sechstklässler erstach letzte Woche
Seine Mitschülerin im Schulbus
Auf die Frage, warum er das tat, antwortete er: »She talked too much.«

Tragisch, aber reichst du mir mal bitte die Cornflakes-Packung?
Tragisch, immer diese Unfälle
Aber ich mach das wie mit Brillengläsern
Ich trage sie mit Fassung
Hihihi, witzig, ne? Findest du nicht auch? Nein?

Fragen zum Frühstück
Guten Morgen. Na, wie hast du geschlafen?
Fragen zum Frühstück
Na, soll ich Brötchen vom Bäcker holen? Soll ich?
Fragen zum Frühstück
Sag mal, willst du dir nicht erst mal die Zähne putzen?
Ich meine ja nur ...
Fragen zum Frühstück
Beruhige dich, bist du irgendwie mit dem falschen Fuß aufgestanden oder was?

FRAGEN ZUM FRÜHSTÜCK? HÄ?

Wir verstehen nicht das Gleiche unter »unterhalten«
Es sei zu früh für Unterhalt, und du seist noch müde
Du setzt schon wieder diese Maske auf
Langsam kannst du die von der Steuer absetzen
Aber du setzt noch einen drauf, und es setzt was

Sätze wie
Reichst du mir die Butter, bitte?
Aber du bestehst auf Margarine
Weißt du, du bestehst aus Margarine
Deine Worte bestehen aus Magerquark
Denn da ist einfach nichts dran, verdammt
Da ist einfach nichts dran
Ich habe es satt
Ich nehme meinen Teller, meine Tasse und meinen Eierbecher
Und lass dich mit deinem viel zu weichen Ei sitzen, du Weichei
Ja, du kochst nur auf halber Flamme
Du kochst ohne Salz
Falls du mich jemals nach Hefe für deine Pläne fragst
Frage ich dich, ob du wirklich daran glaubst
Dass sie aufgehen werden
Denn egal, wen du da durchziehst
Und egal, wie süß dein Kakao ist
Bedauere ich
Das Ganze bringt nichts, wenn die Milch dazu schon sauer ist

Aber eine Mücke ist doch noch kein Elefant?

Ja, ja. Nur mit dem richtigen Gift im Stachel
Wird sie auch für diesen gefährlich
Wir sitzen nicht im Sattel
Aber rutschen dennoch nicht ins Ehrlich
Ich finde es rührend
Wie du nicht mal ein richtiges Rührei hinkriegst
Eigentlich würde ich das lieber im Klo runterkippen
Aber du hast mal wieder zu viel Kaffee getrunken

Und das Klo ist mal wieder be-
Setz deine Maske ab
Und lieber noch einen Tee auf
Denn in Bezug auf den Wortwitz dieses Frühstücks
Gehen mir langsam die Ideen aus

Die Affen meiner Träume knacken ihre Kokosnüsse
Zuckerrohr und Kakaobohne geben sich Schokoküsse

Aber das Frühstück ist vorbei
Und du setzt deine Maske ab
Oh. Das erklärt natürlich einiges
Die letzte Nacht war wohl wieder abgefuckt
Ich habe es satt
Beim Frühstück schon zu hören
Wie viel du letzte Nacht gesoffen hast
Ich lag im Bett mit Tabletten. Trank Tee aus Trockengras
Ich glaube, die Eieruhr tickt gegen uns
Die Zeit läuft uns davon
Wir verleben uns
Das Eiweiß ist geronnen
Die Kaffeesahne schmeckt nach Muttermilch
Einer 50-jährigen Spätschwangeren nach Hormonbehandlung
Ich schau dich an, bis die Butter schmilzt
Doch statt eines *Guten Morgen*
Höre ich nur den Klingelton deines Samsungs

Ich habe es satt
Weil unser Liebesleben noch nie so mies war
Ich tunke mein labberiges Croissant

In deinen abgestandenen Kaffee
Das ist doch nicht mehr genießbar

Wir haben uns doch mal den Bauch vollgeschlagen
Du warst der knusprigste Bacon in meinem Leben, Mann
Heute kriege ich deine Pancakes nur noch runter
Wenn ich so viel Ahornsirup darauf verteile
Dass ich den Pancake nicht mehr sehen kann
Du warst mal mein Knusper-Früchte-Müsli
Jetzt liegst du nackt im Bett
Und meine Eier sind von dir abgeschreckt
Mein Teebeutel abgetaucht
Abgetaut der Morgen, Zeit für das Heute
Die Kirchenglocken haben den Tag schon eingeläutet
Doch bevor er beginnt
Und ich meine Maske aufsetze
Entdecke ich entsetzt
In deiner Tasche einen positiven Schwangerschaftstest

Die Tür knallt zu
Eine halbe Stunde später tippe ich folgende SMS

Es hat keinen Sinn
Gezwungen Themen zu finden
Merke: Morgens sollte man niemanden zum Reden zwingen
Trag deine Maske
Du hast ein Recht darauf
Trag deine Maske
Komm, und setze sie auf
Ich will nicht deine Tränen sehen

Verstehe mich bitte nicht falsch
Aber ich will nicht deine Tränen säen
Weil ich sie nicht ernten will
Lass uns einander nicht mehr aus dem Weg gehen
Weil ich von uns lernen will

Ich lasse es
Die frühen Fragen
Da sie deinen müden Magen
Sicher stressen
Ich will mich nicht mehr morgens streiten
Ich werde etwas vorbereiten
Sehen wir uns zum Mittagessen?

ISLAMWISSENSCHAFTEN

Ich studiere Kulturen und Sprachen des Vorderen Orients mit Schwerpunkt auf Iranistik und Islamwissenschaft. Häufig musste ich mir deswegen witzige Sprüche anhören. Ein Best-of:
1. Habt ihr da Seminare im Dürüm-Drehen?
2. Schreibt ihr da Hausarbeiten in extra scharf?
3. Was für Noten bekommt ihr da? Was hast du in der Prüfung bekommen? Einmal Kalb mit alles!

Daher habe ich mich entschlossen, ein wenig Aufklärungsarbeit zu betreiben.

Meine Kommilitonen sind Kinder, Spinner oder Rapper
Wenn wir uns melden, zeigen unsere Finger immer gen Mekka
Der Grund, warum ich schon im ersten Semester krass
                                          erbleichte?
Selbst der Dozent sitzt im Seminarraum mit einer Wasserpfeife.
– Herr Friedrich, der Prophet 682 zur islamischen Gemeinde, was sagte er noch gleich?
– Ähm ... keine Ahnung ... »Salam aleikum und einmal den Spieß Adana mit Reis«?

Achmed kriegt fast einen Koller und flucht
- *Digga, du weißt schon, dass uns morgen der Ayatollah besucht?*
  Tu uns allen einen Gefallen, und schnacke hier kein' Scheiß
  Der Prophet sagte natürlich: »Marhaba, wahid Falafel im Teig.«
Wir sind Orientalisten
Was das jetzt konkret heißt, im Einzelfall betrachtet
Wallah, wenn wir den Swag aufdrehen
Sei dir sicher, dann wird halal geschlachtet

Denn wir haben, wir haben, wir haben Style und das Geld
Ja Mann, wir haben alles, alles, was einem Moslem so gefällt
Und das Einzige, was mich interessiert, ist:
Wie komme ich nur durch den Ramadan, Digga?

Es ist MC Oriental aus dem Okzident
Die Fakultät ist zwar cool, doch sie brennt
Denn wir machen Party das halbe Semester
Wenn ihr Jesu Tod gedenkt, ist bei uns gerade Silvester
Wir trinken kein' Alkohol im Club
Den Halbmond auf der Brust
Baba sagt, Bitches werden vom Balkon geschubst
Ich weiß nicht, was das bedeutet, aber wenn Baba sagt, is'

                                                                      rischtisch

Geb mir nur einen schwarzen Tee
Sieh zu, wie ich Phrasen mähe
Oder ich komme über die Ladentheke
Und gib ihm harten Schädel

- *Isch gib ihm ha'ten Schädel*
- *Isch gib ihm ... isch gib ihm ... isch möschte ihm eigentlich gar*

nicht geben. Er ist eigentlich voll nett und so, er hat mir auch neulich bei Hausarbeit geholfen, weiß' du? Er ist zu korrekt, der Typ.
— *Möschtest du ihm bitte jetzt geben, Habibi!!*
— *Okay, okay. Isch gib ihm harten Schädel!*

Denn ich habe, ich habe, ich habe Style und den Geld
Ich habe all das, was den Moslems so gefällt
Und das Einzige, was mich interessiert, ist:
Was geht eigentlich unter Aisches Burka, Digga?

Entgegen der allgemeinen Meinung
Dürfen Frauen hier auch ins Institut
Jeder Mann bringt seine drei bis vier mit
Und ihr Couscous ist wirklich gut

Doch wenn es dich fast wahnsinnig macht
Weil der Bart bisschen kratzt
Und du hast panische Angst
Dass du nach einem falschen Wort gleich 'ne Zahnlücke hast
Wenn du deine Bahn mal verpasst
Zu spät ins Seminar hineinplatzt
Die Lehrerin schüttelt nur mit dem Kopf
In der Luft liegt ein fader Geschmack
Denn du Depp hast deinen Test in Arabisch verkackt
Bist apathisch und platt
Weil du um diese Uhrzeit normalerweise so gar nichts mehr
machst
Doch der Libanese neben dir hat gerade so sympathisch gelacht
Und ihr labert und schnackt
Den ganzen Tag und die Nacht

Bis ihr beide verkatert aufwacht
Euch in der Uni wiedertrefft und er dir erzählt
Was die Frau von gestern doch für schöne Schamlippen hat –
– *WAS? Was soll das denn jetzt?*
– Wieso? Du hast doch gesagt, solange es sich reimt, ist egal, was man sagt?
– *Ja okay, ... die war'n sicher krass*
Doch sitzt du dann wieder da auf deinem Platz
Wirst bombardiert mit Vokabeln im Takt
Und dein Magen, ganz matt
Macht dieselben Geräusche wie diese Sprache, verdammt
chmmdddallchmmmmdalll
Denn denke ich mir: David, das passt
Lerne einfach brav und bedacht
Das ist neu, das ist spannend, das war immer das
Was du wolltest, also mache ich Party und fass
Zusammen
Das ist stinknormal, dieses Fach
Tschüsch, lan Digga, das
Ist Islamwissenschaft
Wir gehen auf die Straße bewaffnet
Mit Hummus aus Kichererbsen
Nach einem Shawarma können's fast
Zwei, drei Liter Ayran sicher werden
Wie gierig die gucken
Auf dem Kiez, diese Nutten
Ey, jeder hat das Recht, Atomwaffen friedlich zu nutzen
Integriere uns – oder ein Colt in deinem Mund
Ihr könnt den Kebab behalten, aber der persische Golf gehört uns
Weißt Bescheid, Bitch. Aminakoy ...

Plötzlich fasst mich jemand an der Schulter an. Es ist der Libanese. Er schaut mich ernst aber freundlich an und meint:
- *Diggi, nicht übertreiben. Du bist immer noch eine deutsche Kartoffel. Vielleicht eine Kumpir-Kartoffel, aber eine Kartoffel. Du wirst nie ein Kanake sein. Also nicht übertreiben. Ich meine, ich finde es witzig, aber denke daran, nicht jeder versteht diesen ... diesen ... diesen Ironie.*

Nicht jeder versteht. Meine Großmutter, zum Beispiel, hat sich jedes Jahr an Weihnachten bei mir bedankt: dafür, dass ich immer noch mit meiner Familie diesen Feiertag feiere, obwohl ich ja jetzt diese Ausbildung
In dieser Moschee
In Berlin mache
Sie dachte, dass ich ein Mullah werde und lerne, wie man anständige Sprengstoffgürtel bastelt.
Ich musste sie immer wieder enttäuschen
Denn Islamwissenschaft ist ein stinknormales, auf demselben bekloppten Creditpointsystem basierendes Studienfach, das meiner Meinung nach sogar zu integriert ist.
Am Ende wird man kein Imam
Am Ende gibt es auch nur einen Bachelor of Arts
Und keine Jungfrauen
Alhammdullah

Diesen Text anhören:
http://satyr-verlag.de/audio/friedrich2.mp3

MIKE UND DIE WERBUNG

Sein Name ist Mike, und Mike steht mitten im Leben
28 Jahre, Zweizimmerwohnung in 'ner sicheren Gegend
Dreimal die Woche joggen, auch bei Gewitter und Regen
Man sieht es an dem Ring an seinem Finger: vergeben
Seit fast acht Jahren, bald zieht Mike mit Isabell zusammen
Das Leben ist bequem und hält ihn in dieser Welt gefangen
Läuft bei ihm, sehr sogar, fast wie ein Wasserkreislauf
Vor Kurzem hat Mike sich auch einen Entsafter gekauft
Jeden Morgen ein Smoothie, weil Gesundsein so einfach ist
Mike hält seine Work-Life-Balance wie ein Seilartist
Mike kommt abends mit seiner IT-Brand-Street-Gang in den Club
Erst evaluiert er dein Werbekonzept
Und dann freelanct er dich kaputt
Sein Beruf hat einen coolen Namen
Den er selbst gar nicht versteht
Aber im Großraumbüro seiner Start-up-Agentur
Sieht man die Alster auch vom Flur
Läuft sein Vertrag aus, das weiß Mike
Kommt sicher bald der nächste

Langfristige Pläne sind nichts für eine Businesskarriere
Und er ist Business, kein Kunststudent im letzten Hemd
An Mikes Klamotten kann man nicht sein Geschlecht erkennen
Durch jahrelanges Training und geduldiges Warten
Trägt er heute voller Stolz einen Dutt und 'nen Bart
Sein bester Freund strahlt ihn immer an, wenn er ihn sieht
Er ist ein MacBook
Doch Mike kannte ihn schon lang vor der Therapie
Bei ihm in der Firma gibt es ganz viel Harmonie
Ein fantastisches Team
Fast jeder ist beliebt, es gibt eine sehr flache Hierarchie
Da hilft man sich auch gerne aus mit Kaffee oder Speed
Mike ist, was Whiskey angeht, Teil einer Expertenszene
Und hat nur First-World-Stress, Netzwerkprobleme
Und dann noch die Sache mit diesem Gangster im Haus
Irgendwer hat zum dritten Mal die Woche Mikes Rennrad geklaut
Mike hat auch einen privaten Blog namens »Panade und Liebe«
Auf dem postet er täglich das Essen aus seiner veganen Kantine
Mikes Photoshop-Skills sind ebenso beliebt in der Szene
Er kann super gut Fotodiashows mit geilen Beats unterlegen
Sein Instagram-Account schreit förmlich, dass das Kunst wäre
Ja, Mike ist schon im wahrsten Sinne ein moderner Pfundskerl
Und Mike gehört zu einer Garde von unglaublich Aktiven
Arbeitet mit jungen Kreativen, und seine Kunden sind zufrieden
Mike behält meistens das ganze Lob für sich
Aber darum geht es nicht
Denn Mike hat ein Angebot für dich

Ich habe da was ganz Großes für Sie: einen ganz dicken Fisch. Der Kunde ist ein Big Player, wenn Sie verstehen. Die planen eine gewal-

tige Kampagne, das wird huge. Der Auftrag Ihres Lebens, Budget ist gar kein Problem, die haben massig Money und haben schon signalisiert, dass es da keine Engpässe geben wird. Wenn es gut läuft, das dürfen Sie eigentlich noch gar nicht wissen, aber dann wollen sie sogar mehr mit Ihrer Firma machen. Also Sie müssen natürlich erst durch den Pitch, aber da bin ich zuversichtlich. Natürlich haben wir auch denen ein oder anderen mehr angefragt, aber das ist reine Vorsichtsmaßnahme, Sie wissen ja, wie das läuft. Also wir planen mit Ihnen.

Du setzt dich hin, brainstormst, Ideen hast du massig da
Hast ja so viel gelernt in den unbezahlten Praktika
Stichwort unbezahlt: Dieser Mike bringt den Klassiker
Gilt überall im Leben: Was sie versprechen, wird fast nie wahr
Immer dasselbe, was soll man machen, man passt sich an
Immer noch besser als Taxi fahren
Du machst Anrufe bei Regisseuren, Produzenten
Blockst Kalendertage, hockst da am Wochenende
Du wolltest immer dein eigener Chef sein
Doch was heißt Chef sein? Der Chef ist die Deadline
Du bist derbe gestresst? Nein, immer schön nett bleiben
Besser ein paar graue Haare mehr als
Das passt nicht in unser Konzept rein
Was für Überraschungen hält das Leben noch bereit?
Mal sehen, am Telefon ist Mike:

Vielen Dank für die Vorschläge, da war ja schon einiges dabei, amazing.

Ja, ähm, der Kunde will jetzt doch keinen Sibirischen Tiger, der in der vorletzten Szene durchs Bild läuft, sondern eine dreibeinige Hy-

äne, Sie wissen schon, eine, die gefährlich wirkt, aber gleichzeitig beim Zuschauer Mitleid erregt. Am besten bis morgen Vormittag. Und wenn Sie schon dabei sind: Für den Hintergrund würde man doch lieber das fast verlassene Dorf in Mosambik nehmen und nicht den Bonsaigarten.

Und du hättest ihn schon längst gerne ins Koma geschlagen
Doch atme ein, atme aus, das hat die Frau beim Yoga gesagt

Wie bitte, sorry, nein, das Budget ist leider totally ausgereizt, ich höre gerade von meinem Kollegen, dass sie es doch bis heute Abend brauchen. Das kriegen Sie doch hin, oder? Die Hyäne kann ja auch dezente Tigerstreifen haben, da müssen Sie nicht so viel verändern, das merkt keiner. Und ein Bein wegzunehmen, wird ja wohl nicht so schwer sein.

Dank der Unterlagen kennst du Mikes Adresse
Nur ein ganz vorsichtiger Schlag in seine Fresse
An 'ner Anzeige wegen Körperverletzung hast du kein Interesse
Bleibe cool, alles gut, du musst weiter lächeln

Ein Wort noch zum Budget, da gab es kleine Veränderungen, nichts Bedeutendes, aber das wurde jetzt ein bisschen gekürzt, a little bit, also so um und bei um die Hälfte. Aber die andere Hälfte, die steht! Nur leider nicht mehr in Euro, der Kunde fragt an, ob er Sie auch in Naturalien bezahlen könnte. Sie wissen ja: Wir reden hier von einem wirklich bedeutenden Hersteller für Nüsse. Also, ist jetzt nicht Ültje, aber ... ich bin mir sicher, dass die in den nächsten Jahren kommen werden. Also, die werden sicher auch an die Börse gehen, demnächst.

Im Keller liegen, glaubst du, noch geraume Mengen an Klebeband
Und Chloroform besorgen
Kann sicher die Krankenschwester von nebenan
Auf dem Dachboden zwischen Weihnachtsdeko und Raclettegrill
Liegt Mike dann gefesselt und schreit und fleht, dass er wegwill
Das passiert natürlich alles nur in deinem Kopf
Aber allein der Gedanke tut gut in diesem Job

Ich höre gerade, das mit den Naturalien ist jetzt doch schwieriger als gedacht, aber sehen Sie es mal so, das ist doch auch eine super Werbung für Sie als Firma, da wird es Folgeaufträge geben, das sage ich Ihnen. Und ich möchte an der Stelle auch echt noch mal sagen, wie happy bei uns alle mit Ihrer Arbeit und Ihren Ideen von Anfang an waren. Alle Parteien sind super in sync, schon bei dem Pre-pre-pre-pre-pre-Production-Meeting haben wir uns alle auf den Shoot gefreut.

Wir haben, glaube ich, die richtige Energy im Raum.

Die Sache mit der Hyäne, übrigens, das hat dem Kunden jetzt doch nicht so gut gefallen, vielleicht war das auch 'n Missverständnis. Der Kunde meint, dass das Tier so ein bisschen beängstigend und eklig ist. Da ging es ja darum, Mitleid zu erregen, und der Zuschauer soll quasi denken: Oh Mann, das arme Tier, ich gebe ihm mal was von meinen Nüssen. Und dann sollte da ein Snackautomat stehen, bei dem man dann die Nüsse kaufen kann. Aber so, dass man nicht denkt, komisch, in dieser verlassenen Kleinstadt in Mosambik, wo kommt jetzt der Snackautomat her?

Ja, Mike. Da hast du recht, Mike. So einen Snackautomaten muss man schon dezent und sich selbst erklärend platzieren in so einem Spot mit dreibeinigen Hyänen in Mosambik, denen man aus Mitleid ein paar Nüsse anbietet. Aber wie ich höre, habt ihr euch jetzt doch für eine andere Produktionsfirma entschieden. Ja klar. Beim nächsten Mal klappt's bestimmt.

Aber hey, danke für den Tipp mit den Grünkohl-Smoothies, supernice, der Taste.

Grüße mir Isabell, und sage ihr Danke für das Rezept mit dem Quinoa-Salat.

Du bist nicht wütend, nicht sauer. Du machst deinen Job gerne, und solche Typen wie Mike, die gibt's häufig, und seien wir mal ehrlich, die machen doch auch nur ihren Job. Du hingegen begnügst dich mit deinem und freust dich über die kleinen Dinge im Leben, wie diesen Bolzenschneider, den du gekauft hast. Vielleicht machst du auf deinem Nachhauseweg noch mal einen Stopp an der Alster, bei dieser Agentur, und gönnst dir ein neues Rennrad. Klar ist das kriminell, aber was macht man nicht alles für seine Work-Life-Balance?

DRÜCK, DIGGI, DRÜCK

Du fängst an zu reden über dieses, über jenes
Über die Liebe und die Mädels
Die stehen auf deinen Bizeps und deinen Penis
Dadurch fühlst du dich bestätigt
Du bist der Cowboy in der Gegend
Dein einstudierter Blick: deine Waffe
Deine Straßen geteert, deine Matratzen gefedert
Deine Bitches gesattelt
Dein Gang breitbeinig, ein bisschen, als müsstest du kacken
Oder als hättest du die Hosen schon voll
Aber das ist wohl so gewollt
Du liebst straffe Frauenkörper und hasst Cellulite
Du trinkst Proteinshakes und kackst Steroide
Du tanzt – wobei, von tanzen kann man nicht sprechen
Sagen wir: Du bewegst dich
Wie ein gottverdammter Orang-Utan
Party ist dein zweiter Vorname
Aber nur an Brückentagen
Deine Nackenmuskulatur platzt fast

Als würdest du das Leid der Welt
Auf deinem Rücken tragen
Du knackst Nüsse mit deinen Augenlidern
Archäologen sind sicher, du hast einen Dinosaurierkiefer
Bodybuilder gewinnen Anabolika aus deinem Kniegelenk
Du holst dir mit deinem eigenen Bizeps
Einen runter
Auf deinen eigenen Bizeps
Und das ist schwer zu machen, probiert das mal aus, da muss erst mal der Winkel stimmen, und man bräuchte auch ein riesiges ... lassen wir das. Es funktioniert sowieso nicht.
Ein kleines Kind sieht dich auf der Straße
Und fängt sofort an zu weinen
Eine seiner Tränen spritzt in dein Gesicht
Ein wenig aufgesprühte Bräunungsfarbe
Fließt dir von der Schläfe
Wo dich das alles hinführt? Wissen tust du es nicht
Vom Augenblick müde, heutzutage
Flieht man vor Problemen
An den letzten Ort in dieser Gesellschaft
An dem man sich noch angucken und geil finden kann
Hier hast du all deinen Frust hinter dir gelassen
Nein, du blickst jetzt nie zurück
Gehst lieber in den Liegestütz
Und kämpfst dagegen an, was dich in die Tiefe drückt
Nimmst das Sprungseil und hüpfst dagegen an
Ja, hüpfe, kleine Schlampe, hüpf
Drückst dich sonst vor Verpflichtungen
aber hier drückst du dagegen an
Ja, drücke, Diggi, drück dagegen an

Denn

Alle ham 'nen Job
Du trainierst alleine
Keiner hat mehr Bock
Auf dich und deine dicken Eier
Doch nichts rattert in deinem Kopf
Tag ein, Tag aus
Lege noch zwei Gewichtsscheiben oben drauf
Und deine Muskeln machen PENG, PENG, PENG

Hübsche, junge Frauen machen hier ihr Cardioprogramm
Sie gucken extra weg und hören Musik
Aber trotzdem laberst du sie an
Warum? Wegen Leuten wie dir
Gehen die alle in Fitness-First-Just-for-Women-Clubs
Höre doch bitte endlich auf damit!

Du sitzt gaffend da wie ein geiler Geier mit Schaulust
Kommst in die Sauna
Machst mit 'nem Dutzend roher Eier einen Aufguss
Meister-Proper-Lookalike, woher kommen gar deine Probleme?
Denn deinen winzigen Penis
Werde ich hier mit keinem Kommentar erwähnen
Nach dem Duschen musst du nicht mal ein Handtuch benutzen,
Mann
Nein, du spannst einfach einmal alle Muskeln an
Du bist ein Bus von einem Mann
Eine Wucht von einem Schrank
Ich habe schon häufiger versucht, was in dich reinzulegen

Aber dann guckst du mich nur an
Und ich bin auf der Flucht in ein anderes Land
Nach zu mir passenden Gewichten
Habe ich im kompletten Studio verzweifelt gesucht
Jetzt hängen an meiner Stange zwei von dir benutzte Handtücher
Ja, dein Schweiß wiegt genug

Und langsam stelle ich fest
Dass dies nicht der richtige Ort für mich ist
Und der Monatsbeitrag ist auch derbe hoch
Lohnt sich irgendwie nicht
Wenn man nur zweimal die Woche in die Sauna geht

Aber bevor ich mich jetzt abmelde, möchte ich noch die von meinem Physiocoach empfohlene Rückenübung machen, denn ich habe da so ein Zwicken. Ein sehr dolles Zwicken.

Nur das Gerät, das ich für die Übung benötige, hast du seit einer Stunde in Beschlag genommen und machst darauf deine vollkommen sinnlosen und übertriebenen Übungen. Und du stöhnst, und du schwitzt, und einige andere Leute würden auch gerne an dieses Gerät, aber keiner macht was. Keiner sagt was! Das kann doch nicht sein, das ist doch kein rechtsfreier Ort!

Also gehe ich einfach mal direkt zu dir hin. Also nicht direkt, aber ich gehe so seitlich auf dich zu, also nicht auf dich zu, aber so an dir vorbei, und ... ich überlege mir das schon, dass ich dich da mal drauf anspreche. Nein, mal im Ernst. Ich nehme all meinen Mut zusammen, gehe auf dich zu und sage: »Entschuldige bitte, ich wollte, ich, wollte, gar nichts zu dir sagen.

Die anderen aber, also wir, also ich, also ich würde auch gerne mal an dieses Gerät, also nicht jetzt direkt, auch nicht an dieses Gerät, sondern an ein anderes, wobei, ich wollte eigentlich gerade in die Sauna, entschuldige bitte, aber ... ähm ... also ... was ich eigentlich ... Bitte hau mich nicht!«

Und du guckst mich an. Alle im Studio gucken mich an. Mein Leben zieht noch mal in Zeitraffer an mir vorbei, und über uns kreisen zwei Geier, ich weiß jetzt auch nicht, wie die hier reingekommen sind, aber du guckst mich einfach nur an und meinst dann leicht lispelnd und stotternd:
»D-D-D-Du k-k-k-kannst g-g-g-gerne dran, ich m-m-m-muss nur noch einen S-S-S-Satz machen, d-d-dann kannst du. Und zwar voll gerne. Ich bin übrigens Klaus!«

Zitternd und mir vor akuter Sweetness auf die Lippe beißend, platzt aus mir ein »Komm mal her, Honey! Komm mal her!« raus. »Was guckt ihr denn alle so blöd?«, schreie ich um mich. »Habt ihr noch nie jemanden stottern und lispeln gleichzeitig gehört? Achte nicht auf die!«, widme ich mich Klaus. Ich umarme ihn. Also ich komme nicht ganz rum, aber ich versuche es. Ich küsse seine verschwitzte Stirn, warum, weiß ich nicht, aber es fühlt sich richtig an in diesem Moment.

Dann flüstere ich ihm leise ins Ohr:
»Ich hab so schlecht über dich geredet. Ich bin ein ganz armer Drecksack.« Und füge lispelnd hinzu:
»Aber d-d-d-du bist was ganz Besonderes, hörst du?«
Und dann kommt die Headnut.

Jetzt fange ich an zu reden
Über dieses, über jenes
Aber nichts ergibt mehr Sinn
Und ich habe den miesesten Schädel
Da ist sein Gesicht, wo mein Kopf mal war
Hoppala, don't m-m-m-mess with a Stotterer!

 *Diesen Text anhören:*
http://satyr-verlag.de/audio/friedrich3.mp3

2
FEUER

HEITER BIS BEWÖLKT

Wir sitzen im Café
Es ist die übliche Szene
Ich schlürfe meinen Tee
Du hast ein Blümchen in der Strähne
Dein Kleid passt nicht zur Jahreszeit
Deine Holunderblütenschorle stiehlt dir die Show
Egal wie schief draußen die Lage scheint
Dank unserer Wundertütenformel ist alles ziemlich im Lot
Meine Augen werfen die Anker aus
Dein Blick, mein Hafen in der unruhigen See
Wir hören den Knall einer Panzerfaust
Krieg kratzt uns nicht, weil wir seine Kunst nicht verstehen
Du sagst, du seist noch nie so unglücklich glücklich gewesen
Schmetterlinge im gefüllten Bauch
Beäugt von geflüchteten Seelen
Sich gebückt bewegend
Umgeben von den flammbaren Tücken des Lebens
Aber, aber, aber habe ich dir heute schon gesagt
Wie hübsch du bist, Mädchen?

In den Ruinen suchen Trümmerkinder
Nach den Resten ihrer Kinderzimmer
Deine Lippen öffnen und schließen sich wie ein Theatervorhang
Will dir applaudieren
Verlange Zugaben, gib mir mehr!
Deine Locken wickeln mich um den Finger
Ich dreh durch, wenn dein Atem meinen Nacken trifft
Wände beben, Geländegitter zittern
Kugeln drehen sich durch Fassaden begleitet von Krach und
                                                               Blitz

Aber meine positiven Emotionen sollen sich lohnen
Die musste ich mir schließlich hart verdienen
Ja, Ja, draußen ist Randale
Aber hier drinnen ist noch so much Liebe

Durch das Feuer vor dem Fenster stehst du erst im richtigen
                                                                 Licht
Die Schatten der Flammen tanzen gewitzt durch dein Gesicht
Hier wird genügend Platz für uns sein
Hat die Bombe erst mal alles leergefegt
Ist der Himmel nicht nachts viel schöner
Wenn man ganz alleine unter den Sternen steht

Nur jetzt ist da noch zu viel los, da draußen
Zu viel Lärm und diese Stimmen

Da sind Leute, die kämpfen, Leute, die sich widersetzen
Auf der Suche nach Frieden, Liebe oder Kitaplätzen
Da sind Mütter, die verzweifelt die Namen ihrer Kinder schreien
Und schreiende Kinder, denn ihnen schmecken keine Innereien

Und auch kein Spinat, und komme mir nicht mit Pfifferlingen
Wie, verdammt, wie sollen wir uns durch den Winter bringen?
Alles weg, weil gespendet, kriegst beim Wirt nicht mal Bier
Solange hier alles brennt, Diggi
Solange hier alles brennt, wirst du nicht frieren

Ich bin hier extra raus aufs Land gezogen
Um meine Ruhe zu haben
Das sind einfach zu viele
Hatte nicht vor, jetzt schon meine Buße zu starten
Alles rennt, weil alles brennt, und die Welt, sie steht Kopf
Söhne und Töchter fallen, Aktien steigen bei Heckler & Koch

Apropos, ich überlege, was ich dir heute Abend koche
Je nachdem, welcher Bioladen
Mich mit seiner Leuchtreklame lockt
Der Tee ist hier echt gut, die setzen den sogar selber auf
Wie ist deine Schorle, Schatz? Mann, sind diese Bälger laut!
Was ist das für ein Gebell da draußen?
Können Sie die Musik etwas lauter machen?
Das sind alles junge Männer
Noch ein kleines bisschen lauter?
Das sind alles junge Männer
Ein kleines bisschen noch?
Die ihre armen Frauen zu Hause lassen

Ich nehme deine Hand in meine und streichele dir durchs Haar
Die ganze Scheiße um uns rum
Diese Scheiße nehme ich nicht wahr
Das ist mir alles egal

Politik interessiert mich gar nicht
Dein Wimpernschlag ein Kranich
Dein Lächeln ein Polarlicht

Ich pokere hoch und stapele tief, setze alles auf dich, derbe clever
Vor der Tür stapeln sie Leichen, immerhin nicht mehr im Keller
Ein Reich aus zertrümmerten Steinen und Steinreichen
Staubtrocken wird fremde Freiheit verkauft
Rauchwolken wettern durch die blutroten Straßen
Ersticken Menschen, rauben ihnen die Zuflucht ins Warme
Ich habe gerade keinen Hunger
Mir liegt noch der Gugelhupf im Magen
Komm, wir belegen einen Schmusekurs heute Abend
Die Zukunft kann noch warten
Wir würden gerne zahlen? Ich habe es passend auf den Cent
Doch du willst nicht vor die Tür, solange es draußen noch brennt?
Ich liebe dich, gucke mich an, ich liebe dich
Vor dir hat sich bei mir noch nie etwas geregt
Komm, wir trinken noch 'nen Vino und warten
Bis das Wetter sich legt

SATZNOMADEN

Trommelndes Gestampfe, stumpfe Schritte, steife Hälse
Schläge adern, es pumpt in den Venen
Drüsen pfeifen, Fieber steigt zu Kopf, Tropfen schweißen
Bomben boxen, der Bunker, er bebt
Städte beben, Plätze legen sich in Ketten, Sägen blättern
Lettern fegen, wir sind unterwegs
Sätze säen, Texte, Themen, Glieder maßen, Lieder, Phrasen
Fräsen, es gibt keinen Grund mehr zum Stehen
Also setz dich letztlich mit uns auseinander

Zähneknirschen-Snare, Kopfschmerzen-Bass
Epileptisches Pochen
wächst in den Knochen zu ätzenden Brocken
Dann wird die Blut- zur Rhythmusgruppe
Und die Bläser pfeifen zum Angriff
Da wird das Wort zum Sonntag zum vierten Hefeweizen am
                                                            Stammtisch

Kritikerkugelschreiber kritzeln kunstvoll, dass wir zu viel unterhaltungsfixierte Scheiße erzählen
Aber wir lesen keine taz, wir lesen auch keine FAZ, sondern nur die »Deutsche Bahn mobil«. Wir sind eben Reisepoeten

Da braut sich was zusammen
Und das ganze Land geht auf in Flammen
Wir sind Rausch und Gestank
Ein Haufen von Kranken
Bekloppten Idioten mit zerrissenen Hosen
Beschissenen Posen
Vergiftet vom Koksen
Nein, vernichtet von Drogen
Wir kiffen in Logen
Und sitzen am Boden
Wir stricken uns Strophen
Bis die Lippen verknoten
Mit verschlissenen Sohlen
Oder gewitzten Parolen
Frauen kichern, weil komisch
Männer fühlen ein Neidgewitter im Hoden
Denn wir sind die Ritter der Toten
Weil wir am Morgen nach Shows wie Tote sicherlich aussehen
Aber nach jedem Brechen und Bluten wieder ritterlich auftreten
Wir fressen und spucken und sabbern und schreien
Wir krächzen, wir furzen, wir schlabbern und schleimen
Wir brechen und schlucken und gackern und weinen
Wir stechen, wir gucken, wir baggern und leihen
uns Geld von den Moderatoren, damit wir Frauen auf Drinks einladen können. Generell tun wir eigentlich nur Dinge, die

wir uns eigentlich nicht leisten können, das nennt man dann auch Leistenproblem. Wir machen miese Wortwitze
Und sinnlose Reime wie Dorfblitze
Gucke, was ich in Kork ritze
Wir können uns die Mieten nicht leisten
Von unseren vermieften Verbleiben
Also müssen wir reisen und Touren machen
Doch wir verkaufen das dann als »Kulturschaffen«
Wir stehen auf der Bühne mit geschwellter Brust, nicht aus Stolz – nein, weil so viele wahnsinnige Poeten im Rücken, in den sie uns nicht fallen, nicht hinter ihm über uns reden, sondern diesen uns freihalten
Wir warten wie gespannt auf die nächste und die nächste und die nächste Fahrt im Zug von hier nach da, wohin ist auch egal. Weil: Wenn wir nach einem Slam komplett betrunken in einen Zug steigen und die Leute sofort aufstehen und sich wegsetzen, bis wir merken, sie machen das nicht aus Ehrfurcht vor uns großartigen Poeten, sondern aufgrund des Gestankes, den wir verbreiten
Ja, auch ich sehe dann aus wie ein obdachloses Bleichgesicht
Doch gebt mir fünf Minuten, und ich hab ein Abteil für mich

Aber hey, wir sind immer noch Poeten, gebildete Proleten
Wir kennen Literatur, sind weiß Gott wie belesen
Können dir alles erzählen über Gekritzel auf Tresen
Geschmiere auf Toiletten, Nebenwirkungen von Tabletten
Und in der neuen »mobil« ist ein sehr schöner Bericht
Über einen Ausflug nach Schlesien
Aber ich hab auch schon mal den Klappentext
Eines Dan-Brown-Buches gelesen

Und die Geschichte von dem Maulwurf, der wissen wollte
Wer ihm auf den Kopf gekackt hat
Ob es unsereins also zu Recht in Bestsellerlisten
Oder irgendeinen bekloppten Blog geschafft hat?
Ich weiß es nicht, was ich weiß, ist
Ausgerotzte Kurzgedichte fliegen durch die Luft, wenn wir
                                                      niesen
Wir verlegen Bücher als Hobby, beruflich verlegen wir Fliesen
Wir sind Teil einer Wellenflut, die langsam durch das Land ebbt
Auferstanden aus einer Quellenbrut, die überall aneckt
Es geht um den Text, wir stehen nur am Rand wie Statisten
Nein, in Wirklichkeit sind wir kranke Narzissten
Mit Anglerwissen und Gammlerschlitten
Die zu Hause noch in ihrem angewichsten Strampler sitzen
Wir sind schmierige Studenten oder schwierige Dozenten
Unsere Leben sind genauso langweilig wie die der meisten
Deswegen sind wir gierig nach Momenten
Momenten wie diesen, in denen man uns zuhört
Es ist sekundär, dass sie die Texte bewerten
Weil: Den Text habe ich sowieso nicht für euch geschrieben,
    sondern für mich selber, und ich scheiß auf die Competition,
    und außerdem wollte ich sowieso lieber Rapper werden.

Wir sind wieder am Start auf Reisen
Nur unserer Touren wegen
Kann sich die Bahn neue Klimaanlagen leisten
München–Hamburg–Berlin–Frankfurt
Das kommt mir wie ein Slalom vor
Wir messen uns nicht an gewonnenen Slams
Sondern hat man oder hat man nicht »BahnComfort«

Ich erinner mich noch an das Ende meiner ersten, längeren Tour.
  Ich stand am Hamburger Hauptbahnhof, leerte meinen Coffee-to-go, plötzlich warfen Leute Geld rein, ja, die Welt meinte, ich wäre obdachlos.
Nein, ich trag immer dieselben Klamotten seit Jahren
Dieser riesige Rucksack ist voll mit Pokalen ...
Na ja, okay, hauptsächlich sind es vergammelte Strandtaschen
Und gesammelte Pfandflaschen.
Ich fühle mich in nur einer Stadt eingeengt
Deswegen wühl ich mich durch die Städte
Schreibe meinen Text nur fürs Freigetränk
Und üblicherweise ist das auch noch ziemlich mies eingeschenkt
Doch es durchspült mich, bis es vom Kopf bis in die Beine brennt
Und wenn ihr das nicht versteht, ist das vollkommen okay, denn
  es gibt da eine goldene Regel:
If you don't understand the poet
Smell the poet!

JE SUIS SIEGFRIED
ODER: DER MENSCH IST TOT –
LANG LEBE DER MENSCH

Teil 1: Der Jäger

Komm, wir gehen auf die Jagd
Ich habe noch nie versagt
Wenn jemand etwas anderes sagt
Dann jage ich ihn und tanze auf seinem Grab

Ich bin Jäger und Sammler
Meine Chicks und Weiber tragen die schicksten Kleider
Und ich stets harter Rammler
Sammele ihre Bewertungen über mich auf Tripadvisor
Auf der Jagd mache ich auf schnelle Gazelle
Brauch keine Zeche zu prellen
Mach auf der Stelle auf Welle
Und das nächste Herrengedeck bestelle ich per Schelle
Ich bin der mutigste Held, der heute in dieser Gegend lebt
Spreche Frauen auch an, wenn ihr Freund direkt danebensteht
Egal, ich nehme es mit jedem auf wie bekloppt
Bud-Spencer-Style-Faust auf den Kopf

Bin loyal zur Familie und arbeite wie wild
Vom Melken von Ziegen und wie man ein Vieh grillt
Bis zu größeren Schlachten und töten von Drachen
Haste nicht gesehen, was ich alles erlebt habe!
Haste nicht gesehen, was ich alles erlegt habe?

Ich bin einfach nur fresh
Und die Leute, man liebt mich
Ich steige aus dem Bett
Und die Wolken verzieh'n sich
Bin äußerlich nett und gut trainiert
Gut, ich esse nur Fleisch und dusche in Bier
Habe Pute in der Blutbahn und einen Truthahn im Hirn
Doch sei dir sicher, dass ich nie die Puste verlier

Ich bin sexy, ich bin stark
Ich bin volltätowiert und enthaart
Ich bin ein Siegfried, ich bin ein Held
Ich bin der Mittelpunkt dieser Welt

Ich bin allseits beliebt, habe nur Probleme mit dem Staat
Der nervt rum, weil er meinen Lebensstil nicht mag
Aus Frust darüber kann es passieren, dass ich mich festbeiße
An dummen Theorien und an der Theke meiner Eckkneipe
Dort hört man mir zu, und dort rede ich Drecksscheiße
Mit der ich das Ruder wieder nach rechts reiße

Ich bin ein Siegfried, ich töte auch Drachen
Ich kann klug kämpfen, doch bin zu blöd, um zum kacken

Also komm, wir gehen auf die Jagd
In diesem Wald hier haben sie sich geschart
Vom Süden her kommen sie aus dem Meer gerauscht
Doch ich kann sie riechen und nehme die Fährte auf
Aus Mangel an Nahrung ziehen sie in unsere Gebiete
Der Wald darf nicht überwildern, das ist unsere Devise

Wir sind Helden, wir sind kühne Recken
Niemand kann sich vor uns verstecken

Teil 2: Der Gejagte

Ich bin sexy, ich bin stark
Ich habe auch ein Smartphone am Start
Ich hab gute Haut, und guck: mein Teint
Ich hänge mit meinen Freunden ab im Park
Ich kann rappen, ich trag Bart
Und die halbe Stadt will meinen Arsch
Ich bin exotisch, ich bin ein Star
Ich stehe in der Zeitung jeden Tag
Da sind Leute, die gehen auf die Straße
Wegen mir und dem, was ich habe
Sie sind neidisch, können es nicht ertragen
Das ich ihr Geld nehme und mich darin bade
Ich hab Polizisten als Security – läuft bei mir
Doch sollen sie mich vor euch beschützen oder euch vor mir?
Ich bin kein Flüchtling, ich bin ein Mensch
Und ich mache Party, bis das ganze Heim brennt?
Ich bin ein Flüchtling, ich bin kein Mensch
Ich bin ein Politikum, jeder redet über mich
Wobei mich keiner kennt

Komm! Sie sind auf der Jagd
Ich hab es dir von Anfang an gesagt
Hier ist zwar viel Platz, es ist fast unbewohnt
Doch sie sind zornig und lassen die Hunde los

Ich bin kein Siegfried, ich bin kein kühner Herr?
Ich bin ein wilder Räuber und komme übers Meer?

Ich bin kein Siegfried, doch ich kann durch Wüsten rennen
Ich bin rasend schnell, weil mir die Füße brennen
Ich bin Geschosse gewohnt und Feuer auch
Ich bin unaufhaltsam, wenn ich eure Steuern raub?
Ich kann Tiere mit meinen bloßen Händen erlegen?
Und träume davon, in vier überdachten Wänden zu leben

Ihr seid ängstlich, ihr traut mir nicht
Ein paar von euch sind sogar ganz außer sich
Ihr denkt wirklich, dass ich hier bin, um euch auszunehmen
Eure Frauen zu stehlen und mich auf die faule Haut zu legen?
Mit der Aufmerksamkeit, die ihr eurer Klatschpresse schenkt
Wollt ihr mich jagen, jetzt wo ihr meine Schwachstelle kennt

Ihr bietet mir einen Schlafplatz für meine Kinder im Trocknen
Oder versucht ihr nur, mich in den Hinterhalt zu locken

Seid ihr wirklich so feige, und stoßt hinterrücks zu
Während ich mich umdrehe, um meinen Durst zu stillen?

Versteckt hinter Profilen schimpft ihr mich Schmarotzer
einen Asyltourist, all-inclusive, ich hole mir in den Adiletten
dreimal täglich meine Portion Hass am Buffet ab

Die Autos hupen
Wenn sie an der Erstaufnahmestelle vorbeifahren
Und sie brüllen irgendwas durch das geöffnete Fenster

Ich bin kein Siegfried, ich bin ein Mensch
Ich bin verletzlich, und ich höre, was ihr denkt
Ich bin kein Flüchtling, ich bin ein Mensch
Und wenn ich könnte, würde ich sofort wieder zurückgehen
Nur um diese Diskussion zu beenden

Aber ich bin ein Flüchtling, und du bist mein Held
Wenn du aufhörst, wie ein Bracke zu bellen
Und mir die Chance gibst, egal ob in den Tiefen des Rheins
Oder überall anderswo ein echter Siegfried zu sein

Diesen Text anhören:
http://satyr-verlag.de/audio/friedrich4.mp3

KONTUREN

Ich habe minus 3,5 links und minus 4 rechts.
Dioptrin, Digga. Wenn ich meine Brille absetze, sieht die Welt ein bisschen wie Kunst aus.
Ich sehe keine Konturen. Mal Farbflächen wie bei Cézanne, mal verschwommen wie bei Richter.
Ich finde das ganz fantastisch, für zwei Minuten, dann kriege ich Kopfschmerzen.
Aber manchmal, da bin ich froh, wenn man die Konturen nicht sehen kann, die Details nicht erkennen muss.
Die Welt ist auf den ersten Blick wunderschön. Ich komme gerade von einer Tour im Süden.
Konstanz, Stuttgart, Heilbronn. Unfassbar hässlich, aber auf den Bahnfahrten dazwischen kam man an traumhaften Landschaften und kleinen Dörfern vorbei, die wie mit einem kitschigen Film überzogen schienen. Einem leicht strangulierenden Tesafilm, der glänzen lässt.
Auf den zweiten Blick ist die Welt immer noch schön, dann, wenn man genauer hinguckt. Zwischen den ergrauten Fassaden, den traurigen Straßen, den Blaupausen von Werbeplakaten

und den Erstarrten. Zwischen diesen konstanten Depressionen, zwischen der architektonischen Prostatakrebs-Hommage von Bauwerken und der Hässlichkeit des Menschen an sich. Da blitzen ab und an Farben auf. Neue Farben. Schönheit ist eine Ressource. Wir benützen sie selten bis nie, teils aus Geiz, teils aus Unwissenheit. Wir sind überladen von Schminke. Überladen von Korrektur, unsere Leben sind voller gesetzter Highlights, voller Schönheitsflecken, voller Sahnehäubchen, jedes zweite Wort wurde mit einem neonfarbigen Textmarker hervorgehoben, jedes Lied bis zur Perfektion abgemischt, jedes Stück Käse bekommt man mit einem Klecks Feigensenf dazu.

Im Meer aus i-Tüpfelchen schwimmen wir gerade Bahnen. Die Wassertemperatur ist perfekt, und wir gehen immer rechtzeitig an Land, bevor unsere Haut schrumpelig wird.

Alles ist in Ordnung, alles ist geregelt, eingestellt und eingepegelt. Wir machen einen Soundcheck vor jedem Telefonat, wir haben unsere Unterhaltungen mehrfach geprobt und versprechen uns nicht.

W-w-w-w-wenn wir mal was verhaspeln, dann absichtlich, um ein Zeichen zu setzen.

Wir setzen bewusst Zeichen, jeder von uns, die ganze Zeit. So viele Zeichensetzungen, dass wir die Aussage vor lauter Ausrufezeichen nicht mehr sehen. Til Schweigers Facebook-Account lässt grüßen.

Ich sehe, höre, lese alle Einzelheiten, alle Details, alle Zitate korrekt befußnotet, alles bereits eingeordnet, interpretierbar. Auf unseren Pullovern stehen Dinge wie: Contenance, Motherfucker.

Und dann sieht man die Welt auf den dritten Blick. Wenn die Hässlichkeit, die langsam bröckelt, auf Instagram hochgeladen, schön wirkend, wieder hässlich wird. Wenn die Schönheit durch einen Filter billig wird. Wenn die Realität so hässlich und grausam und abartig ist, dass die Details dir den Magen verdrehen. Wenn die Konturen ihren Tribut zollen, dann ist da der Schrei nach Unschärfe. Der Wunsch nach Verschwommenheit. Ein hochmodernes Gebäude in der Hafencity, Sitz eines Konzerns ohne Moral, ohne Anstand und ohne Menschlichkeit, aber durch den Hamburger Nebel: Wow, Amazing!

Ich würde so gerne mal länger als zwei Minuten meine Brille abnehmen, ohne Kopfschmerzen zu bekommen. Die Farben befreien von den Strukturen, in denen sie die Erlaubnis haben zu leuchten.

Ich will mal nicht warten, bis die Farbe trocknet, nicht übermalen, ich will, dass das Licht so einfällt, wie es eben einfällt, und der Schatten nicht vorher instruiert wurde.

Ich will keine Darstellung von etwas, sondern etwas, einfach wie es ist, ohne Zuordnung. Ohne Wert und ohne Bewertung. Ich brauche keinen Rahmen. Ich möchte keinen Rahmen, ich möchte auch mal auslaufen. Lass uns doch mal auslaufen, mal kleckern, mal Flecken produzieren, die man nicht wieder rauskriegt.

Ich will neue Farben, nicht neue Farben für mein Profilbild, ich will neue Zeichen, keinen Hashtag, um zu kondolieren. Ich will meine Emotion nicht vorher einordnen müssen, eintüten müssen, einen kleinen Aufkleber mit Name, Datum und Haltbarkeit daraufkleben müssen. Ich will ein Wort, das auch ohne Textmarker heraussticht, einen Song, der knistert, ein überbelichtetes Foto, auf dem am Rand noch eine Fingerkuppe zu sehen ist, einen Käse, der auch ohne Feigensenf schmeckt, eine Welt, die nicht da brennt, wo wir gerade unsere Kameras aufstellen. Am besten soll sie gar nicht brennen, aber wenn sie brennt, dann löschen wir alle Feuer, bedauern alle. Ohne damit ein Zeichen setzen zu müssen.

Ich will echte Farben, die da leuchten, wo sie eben leuchten. Weil sie leuchten. Das hat Cézanne sich ja nicht ausgedacht. Der hat das einfach gesehen und gemalt – nur halt ziemlich krass.

Ich will weniger Ausrufezeichen, weniger Kirschen auf Sahnehäubchen, weniger bewusst gesetzte Pointen und weniger Kopfschmerzen.

Wenn ich jetzt meine Brille absetze, dann sehe ich euch nur noch als Masse, ich sehe nicht, ob einer grinst, einer skeptisch guckt, ich sehe keine Juroren, die mir eine Zahl hinhalten, alles ist verschwommen, ihr seid ein Publikum aus Menschen mit Gefühlen und Farben. Und ihr leuchtet, scheißegal wann und scheißegal wo ihr eben leuchtet. Hauptsache, ihr leuchtet.

KOPFRECHNEN

Ich bin zwar noch relativ jung, aber dennoch rede ich gerne über alte Zeiten.
Zum Beispiel: Früher, früher, da bin ich in den Kaiser's gegangen und wurde an der Kasse von einem strahlenden Lächeln gefragt: »Sammeln Sie unsere Treueherzen?«
Heute gehe ich in den Kaiser's und werde von dieser Gesichtsdepression von Verkäuferin nur noch genervt gefragt: »Herzen? Nein? Gott sei Dank.«

10 Euro
2 Bier, ein Bauernlaib Dunkelbrot und eine Schachtel Zigaretten
Als ich aufstand, erstickte der Aufstand
Wollt ihr euch jetzt weiter widersetzen
Oder kann ich mich wieder setzen?
Sorry, eigentlich bin ich ja relativ straight
Aber irgendwie läuft alles trotzdem schief
Ich beginne, noch länger zu schlafen
Wachsein ist definitiv zu kostenintensiv
Ich bin ein Papierflieger in Tupperware

Bereit zur Entfaltung, doch ich habe nicht viel Platz
Es ging immer darum, was du dir zum Ziel machst
Am Anfang war da Euphorie, doch irgendwann verfiel das
Jetzt sitze ich auf der Couch, gucke Peanuts
Trinke Multivitaminsaft
Mein Opa hat immer gesagt
»Wenn du dich bewegst, dann geht das schon.«
Looking for targets, das Ziel vor den Augen
Die Rechnung geht auf: Leben = Pi mal Daumen
Plus/minus die Länge deiner Fingernägel
Auf und ab geht es doch irgendwie immer stetig
Es stimmt dann schon, du bringst es prompt
Das ist wie beim Oralverkehr: Du nimmst es, wie es kommt
Also Augen zu und durch, als wenn du blind wirst
Ich steig in irgendeinen Zug und guck, wo er mich hinführt
Es gibt nichts auszusetzen
Ich finde selbstverständlich keinen Platz
Die Blicke der Fahrgäste zeigen mir
Ich bin eine Art Fahrkarte, denn sie stempeln mich ab
Egal was du gibst, du kriegst es nicht so zurück
Zumindest nicht richtig
Zum Beispiel: Der Stift ist
Hinten am Radiergummi angekaut
Warum habe ich ihn dir anvertraut?
Shit happens. Every day ein Urknall
Als Schüler hatte ich immer Schiss, dass ich durchfall
Aber irgendwie lief das dann schon
Ich bleib sitzen, warte
Während ich ein bisschen in meinen Reimen blättere
Von Jahr zu Jahr wird mein Abischnitt

Doch ganz von alleine besser
Eigentlich ist alles so einfach: 1 + 1 = 2
Doch geht's ums Ganze, siehst du wie Meinungen sich teilen
Ja, eine Vielzahl glaubt, das Leben wäre berechenbar
Probiere es doch aus
Hole deinen Taschenrechner raus und tippe ein
»Pi mal Daumen«

– David?
– Äh ja?
Die Lösung ist ... 42? ... Plus/minus Wurzel 2?

Ich sehe das nicht so kompliziert
»Ein gebackenes Brötchen, ein wenig Senf
Und ein Paar Wiener Würstchen«
Das Leben ist doch ein Marionettentheater
Mit den Typen, die im Hintergrund die Fäden ziehen
Läuft dann doch alles wie am Schnürchen

Ich sehe das nicht so kompliziert
Keine Fehler machst du, wenn du nichts tust
Bananenschalenwarnungen?
Alles läuft doch glatt wie mit Schlittschuhen

Ich sehe das nicht so kompliziert
Ich brauche nicht einmal Zähne putzen
Ich nehme ein »Tic Tac« und fühl
mich gut. Keine langen Überlegungen
Ich nehme das billigste Mittagsmenü
Mein Opa hat immer gesagt:

»Wenn du dich bewegst, dann geht das schon.
Egal ob es wirklich richtig ist.«
Setze einen Fuß vor den anderen, mache Schritt für Schritt
Ich trete aus Versehen
einem Mann auf den Fuß
Er tut so, als wäre es sein Schlips gewesen
Schaut mich kurz an und beginnt zu erzählen
Doch das ist eine andere Geschichte
Ich entferne mich langsam. Kaufe von meinem letzten Geld irgendein Buch. Gehe zu einem Kino, kaufe eine Karte für irgendeinen Kinofilm, gehe in den Saal, setze mich auf irgendeinen Platz und schlafe ein. Ich träume davon, dass ich nicht schlafen kann, also nehme ich zwei Schlaftabletten und wache auf. Eine überbezahlte deutsche Putzfrau steht vor mir und fordert mich auf weiterzuschlafen. Ich wache also ein zweites Mal auf, und vor mir steht ein unterbezahlter Topmanager (schon realistischer). Er fragt mich, wie der Film war. Ich antworte, doch er schaut nur verwirrt und betont, dass er nur Times New Roman verstehe mit mindestens 1,5-fachem Zeilenabstand. Plötzlich passierte das Paradoxe: Ich beschließe, mich zu öffnen.

Ich nehme es, wie es kommt, doch da kommt nichts
Ich schau, was noch so geht, doch seh ich sonst nichts
Ich muss wohl mit dem leben, was ich hab'
Will ich mehr, muss ich mehr geben, bis es klappt
Doch ich bin zufrieden, bin quasi satt
Und finde mich damit ab
Doch dann merke ich, dass ich gar nichts mache
Und hoffe, dass ich mir so eine Art Arschtritt verpasse

– David, dieses sinnlose »Rumphilosophieren«, damit vergeudest du nur Zeit
– Nein, ich bin spirituell
– Ach, das sind doch nur Ausreden
Mein Opa hat immer gesagt: »Pläne im Leben sind wie Tampons. Wenn du dich richtig reinhängst, werden sie schon aufgehen.«

Und ich freu mich
Denn ich merke deutlich
Dass diese Situation scheußlich ist
»Rumhängen«, das ist wie die AfD
Da macht mein Kreuz nicht mit

Immer nur reden, aber nicht tun. Schau doch beim Poetry Slam
Ich verquassele mich selbst
Doch ich nehme es, wie es kommt
Mein iPod bleibt stets auf Shuffle gestellt
Mit den Lippen in den Backen
Und den Stiften im Nacken
Versuche ich, die Impressionen
Von den Gesichtsbaracken bis zum Licht der Fackel
Schriftlich zu machen

Fazit: Wenn es mal nicht so läuft
Muss man keine Faxen machen
Die Erkenntnis der Naturkunde täuscht
Die besten Pflanzen wachsen im Schatten
Und so Pi mal Zeigefinger muss man im Leben mit allem
                                                          rechnen

Ich bin kein guter Kopfrechner
Aber wenn es Term auf Term kommt
Rechne ich am liebsten mit Applaus
Plus/minus ein paar Treueherzen

GLÜCK AUF

Der Schluckauf ist eine reflektorische Kontraktion des Zwerchfells, wobei die Einatmung durch plötzlichen Stimmlippenverschluss unterbrochen wird. Bei menschlichen Embryos verhindert der Reflex das Einatmen von Fruchtwasser, bei Säuglingen das Einatmen von Muttermilch, und bei Jugendlichen und Erwachsenen entsteht der Schluckauf durch häufiges Akzeptieren von sozialen und politischen Missständen.

Durch den Großstadtdschungel
Boxt du dich vergeblich
Freie Wildbahn, dennoch dein Kopf in einem Käfig
Eingezäunt von Bürofassaden

Der moderne Hausmann muss grausam bausparen
Sich vor Sorge untersuchen lassen in Vorsorgeuntersuchungen
Anstatt Grenzen im Kopf sprengen
Lieber ständig am Tropf hängen
Erschüttert sitzt
Du da, und man füttert dich

Mit Aufpfuschmitteln und der perfekten Nahrungsergänzung
Und plant so Verblendung
Und alle gucken weg – einfach weiter gehen
Trotz ständiger Pein
Den Absturz deines Vordermanns zu ignorieren
Heißt, ein Lemming zu sein
Doch was würde Hemingway schreiben?
(Glück? Das ist einfach eine gute Gesundheit und ein schlechtes Gedächtnis)
Und was würde Haddaway schreien?
(LOVE! Don't hurt me, don't hurt me no more)
Und weitere Phrasen
Was würde Haider sagen?
(I wü des need! Diese Migranten san doch aach nur an Haufen Wabbler)

Pharmakonzerne bieten perfekte Politur
Für die postprekäre Prada-Poperze

Lass dir das gefallen
Lass dich bis aufs letzte Hemd ausziehen
Und höre dir dann die Sprüche an, dass du so
Fett bist, so ätzend und hässlich, und schluck das runter
Einen für Mama
Einen für Papa
Und mach schön aaaahhhh-ber reiß das Maul nicht so weit auf

Schluck die Mieterhöhung,
Schluck: 2-Euro-Bier mit 0,25 Liter
Schluck das, und du wirst gesund, schmeckt meistens bitter

Schluck: Schatz, ich find pink hübscher, ich habe die Sofapolster
ausgetauscht
Schluck: Tut mir leid, aber in Ihrer Größe ist das BAföG leider
ausverkauft
Schluck: Fie Ex-Freundin kommt rein, und du denkst: Augen-
schmaus
Mit vollem Mund Luft holen
Geschluckt, doch kaum gekaut

Der Lieblingspulli zu heiß gewaschen
Die Zahnbürste ins Klo gefallen
Mama heiratet den ehemaligen Mitschüler
Schluckt das, aber mit Biss, Brüder!

Schluck, und das Leben hat einen Sinn:
Du gehst raus auf die Straße
Lächelst dein Schicksal an und kaufst
Einen probiotischen Trinkjoghurt
Wenn hier alles schon den Bach runtergeht
Warum dann nicht auch dein Cholesterinspiegel?
Für gesenkte Steuern und
Gegen erhöhte Blutfettwerte!
Stoß an mit Jever-Fun-Coke-Zero-Rama-light-
Part-time-Apartheid!
Fahr Fahrrad, und höre auf, Kette zu tanken
Plündere dein Sparschwein, und rette die Banken
Kurz angelegt, und dann wird das Geld rausgeschossen
Fang an, den Staub aus den
Grundrechten selbst rauszuklopfen

BEISPIEL: Angela Merkel sagte vor ein paar Monaten:
Mimimimimimimimimi
Als ich das hörte, dachte ich mir: Warte mal! Hatte nicht vor
    Jahrzehnten Franz-Josef Strauß schon gesagt:
Mimimimimimimähmäh
Es ist immer dasselbe
Auf jedes Plakat mit einem abgemagerten äthiopischen Bläh-
    bauchbaby, für dessen Überleben man spenden soll, folgen
    drei Castingshowplakate
An alle willigmachenden Werbewichser, die sich in ihren pope-
    ligen Product-Placement-Pussys puhlen, ich sag euch eins:
Mimimimimimimimi

Fang an, den Staub aus den Grundrechten selbst rauszuklopfen
Im Großstadtdschungel an der kurzen Wäscheleine
Fängt die Welt an zu trocknen
Wir haben Pocken und Grippen
Trockene Lippen
Hocken mit den Dritten
Bei Hopfen und Kippen
Gut aufgelegt wie Lidstriche geht es uns trotzdem beschissen

Liegend im Koma im dunklen
Großstadtdschungel voller Palaberiafliegen und Motzkitos
Haben keinen Bock, Kilos an Trotzsilos umweltgerecht herun-
    terzuschlucken
Doch wir ärgern uns nur kurz, ich nur fünf Minuten
Dann gehe ich Backstage und trinke Frust in kurzen Gläsern
Meine Freiheit bleibt Lüge
Doch solange ich mich frei fühle

Und gekonnt ignoriere
Was sonst so passiert
Ist alles gut, alles prima, und alle essen Oreo-Kekse

Ich treffe dich in einem Szenecafé auf einen probiotischen, koffeinfreien Soja-Halbfett-laktosefrei-Macadamia-Karamell-Bubble-Tea, und wir vergessen, was wir in der letzten Zeit so gemacht haben und
Wie es uns so geht.

Glück? Das ist eine gute Gesundheit, ein schlechtes Gedächtnis und ein guter Schluckreflex.
Du musst einfach an was anderes denken, dann geht's schon vorbei ...

Diesen Text anhören:
http://satyr-verlag.de/audio/friedrich5.mp3

3
ASCHE

RANDALE UND LIEBE

»Was uns verbindet?
Wir beide hoffen, irgendwann einen Engel zu treffen.
Nur ich schieße deshalb mit einer Knarre in die Luft
und schau dann, ob es Blut regnet.«
Andivalent

Kapitel 1: Verwirrung

Schreibe meinen Namen mit Tinte auf Gitter
Schreie deinen Namen durch Wind und Gewitter
Hab nach dir gesucht und mich dabei verloren

Schneide eine Scheibe Käse auf das Dinkelbrot
Zeichne meine Kreise meist gegen Winkelnot
Eingeengt von dir hab ich mich nie so frei gefühlt

Zeige auf die Scheibe, hoffe auf bessere Zeiten
Pfeile fliegen leise, die dann doch nicht stecken bleiben

Dein Amor sitzt in der Eckkneipe und ist zu betrunken
Um beim Dart was zu treffen

Und du ziehst nervös an einer Parisienne
Ich rauche nicht, gucke nur, wie sie brennt
Dein Gequalme stinkt
Obwohl es mich nicht auf die Palme bringt
Es weckt in mir den Kaltinstinkt
Der mich auch zum Qualmen zwingt

Kapitel 2: Du hast das Rauchen wieder angefangen

Machst mir den Hampelmann
Pushst dich an der Hantelbank
Und trägst mich dann zum Standesamt

Doch ich will jung bleiben
Im Meer der Welt rumtreiben
Mich auf einen Punkt eichen und reisen
Das ewige Bunt greifen
Muss dir aus diesem Grund weichen

Ich liebe nicht nur dich, ich liebe die Welt
Und wenn die Stimmung passt, randaliere ich selbst

Kapitel 3: Du bist immer noch verdammt hübsch anzuschauen

Und da lehntest du halb nackt an der Fensterbank
Und fragtest mich, was eine Nacht verändern kann
Und schlendertest dann

Nur mit einem Hemd behangen
Am Geländer lang
Du lächeltest teuflisch wie ein Pentagramm
Bevor du am Ende dann
Einfach aus dem Fenster sprangst

Und noch heute sehe ich dich fallen
Höre von draußen noch die Hysterie
Doch da war nie ein Knallen
Denn unten aufgekommen bist du nie

Das kann nicht sein, da ist noch mehr
Das ist noch Meer, so wollt' ich dir hinterher
Nur festgewachsen, wie ich war, war das schwer
Geldbeutel superleer, es war zu früh, ich war zu spätpubertär
Doch du warst weg, und ich war hier, einfallslos
Leiden groß, so riss ich mich von meinen Leinen los
Was vorher so voll war, nun erst leer für ein paar Tage
Doch ohne Wohlgefühl jedes Molekül bereit für Randale

Altes Brot, zu oft in den steinernen Rand gebissen
Zu viel Porzellan schon an die Wand geschmissen
Knüppel aus dem Sack, so komm ich angeritten
Stock aus dem Arsch, Stoff dran, zack, Flagge hissen

Kapitel 4: Ist ein bisschen übertrieben, aber muss ja

Ich hab mich vertont, doch verbrannt und im Wehklang zerrissen
Hab jedem Vogel, den ich fand, eine Feder ausgerissen
War mein Tesakleidinneneinrichter, Selbstjustizarchitekt
Hab all die Federn akupunkturpenibeltief in meinen Arm gesteckt

Hat sich jede Hautpore als Maifeuerwerk entzündet
Und ist errötet
Hab ich mit Blutgruppenzwang und Tüftlerschweiß
Das Gefieder angelötet
Aber als ich, die Beine in den Knochen flüssiggeklebstofft
Dir hinterherfliegen wollte
Da waren es höchstens drei Sekunden
In denen ich gebetet, gehofft
Bis ich dann doch der Schwerkraft folgte

Wenn nichts mehr herausragend ist
Außer deinem Wadenknochen
Wenn nichts mehr aussagend ist
Weil der Kiefer gebrochen
Auf den Sanka wartend
Liegst du da auf dem laukalten Pflasterstein
Voll von blankem Wahnsinn
Hörst du dich selbst »Is' ja nur 'n Kratzer!« schreien

Jemand hat in deinen Luftballon gestochen
Plötzlich hat es Plopp! gemacht
Jemand ist da gerade von dem Vordach gesprungen
Plötzlich hat es Plopp! gemacht

Manche machen Fehler und müssen dann ehrlich gestehen
Gut, das war jetzt nicht gerade das Klügste
Andere machen Fehler und sind dann querschnittsgelähmt
Oder spüren zumindest nie wieder ihre Füße

Kapitel 5: Versuch einer Moral oder etwas Ähnlichem

Mit wehender Fahne
Regiere ich die Welt
Ich biete Randale
Und liebe mich selbst

Drehe es, wenn du denkst
Die Trübe liegt im Schein
Du gibst dein letztes Hemd
Ich bügele noch das meine

Liebe steckt in jeder Gestalt
Nein!
Gewalt erzeugt Gegengewalt
Ja!

Die Tatsachen sind auf dem Boden verteilt
Der Engel ist entflogen, enteilt

Auch er hat am Ende viele Federn gelassen
Genug, um eine Legende am Leben zu lassen

Plan für die Zukunft, Doppelpunkt

1. Im Bett bleiben
2. Und die Gefühle verdrängen
3. Die dich leider trieben
4. Dann aufstehen

5. Wunden pflastern
6. Weiterlieben

Du fragst mich nach meinem Befinden?
Wie du siehst, ist es mir gut ergangen

ES JUCKT NOCH EIN BISSCHEN

Acht Uhr morgens, und ich sitze in einem beliebigen ICE und versuche, ein bisschen Schlaf nachzuholen.
Aber es klappt nicht. Jedes Mal wenn ich kurz davor bin, auch nur ein kleines bisschen einzunicken, jedes Mal setzt sich dann eine schwäbische U40-Reisegruppe zu mir ins Abteil. Und jedes Mal ist es eine von der Sorte, die anscheinend *zum erschte Mal in ihrem Läbbe so rischtisch die Sau rauslasse.*
Frei nach dem Motto: »*Määädels, isch weiß, es isch erscht acht Uhr morgens, aber isch hab 'nen Prosecco dabei. Lascht uns was Verrücktes mache. Lascht uns Mau-Mau spiele!*«

Ich steige aus. Wo der Zug hält, ist eigentlich egal, mittlerweile wohnt doch in jeder Stadt ein alter Freund oder eine alte Bekannte.
So auch dieses Mal
Kurze Zeit später sitzen wir auf diesem Sofa hier
In einer schmuddeligen Bar
Ein Teelicht in einer halbierten, aufgebrauchten Rolle Klopapier
Und ein Cocktail im Glas

Was heißt Cocktail, das ist Plörre mit Korn!
Ja, ich weiß, ich nörgele sofort
Über alles und jeden
Aber sie kann es verstehen
Berlin sei auch nicht mehr das, was es war

»Nicht mehr das, was es war?
Nicht mehr das, was es war
Als du vor einem halben Jahr hingezogen bist?
Jap, das ist klar.«

Ich bestellte meine zweite Plörre auf Eis, und du
Nuckelst immer noch an deiner ersten *Fritz Irgendwas*
Erzählt hast du bisher nicht wirklich was
Aber wir haben schon sieben Fotos gemacht
Die du auch alle schon gepostet hast
Inklusive Stimmung, Ort und mit wem du unterwegs bist
Unter einem Foto steht *long time no see*
Stimmung fabelhaft
Gekennzeichnet durch einen peppigen Smiley mit Sonnenbrille
Mit David Friedrich und drei weiteren Personen
Nämlich ihr selbst, dem Kellner und einer gemeinsamen
Bekannten, die zwar nicht anwesend ist
Über die wir aber geredet haben
Bevor sie auch noch sinnlose Hashtags daruntersetzt
Zwinge ich sie, sofort etwas Alkoholisches zu bestellen
Aber sie weiß nicht, was
Etwas, das zu dir passt, zur Stadt passt, zu heute Abend passt?
»Oh, ja. Einen Jägermeister-Club-Mate bitte!«

Und tatsächlich fängt sie kurze später endlich – oder leider – an
  zu reden

Über dieses, über jenes
Über Termine und Pläne
Die sie schmiedet in ihrem Leben
Sie bedient noch, ist am Tresen
Und genießt es zu überlegen
Wo sie sich sieht, wohin soll's gehen
Vielleicht mit Langlaufski nach Schweden
Holt ihr Geld von der Bank und zieht in den Jemen
Es ist nie zu spät, denn
Man hört sie auch von *Immobilien klären*
In Argentinien reden
Menschen, die ihr begegnen
Merken nach ihrem vierten Gläschen
Würde sie beide Nieren geben
Auf die Knie fallen und beten
Nur um eines ihrer Ziele zu erstreben
Nie wieder will sie neben
Einem ihrer miesen Kollegen
Aus der Arbeit aufwachen. Ihre Liebe sitzt im Käfig
Und obwohl die Tür offen ist
Sitzt sie vertieft zwischen den Stäben
Und wird jeden Tag müder
Ihr Herz sagt ihr: *Geh!*
Aber ihr Kopf sagt: *Nee!*
Trinke lieber noch 'ne Nacht drüber!

Mit uns war doch immer gut pirschen gehen
Gut, wir hatten auch mehr Interessen
Mit uns konnte man Kirschen stehlen
Mit uns konnte man Pferde essen

Und jetzt?
Studium abgebrochen, Alibijobs nur zum Schein
Der zweite Jägermeister-Mate kommt rein
Und sie erzählt
Sie sei obenauf
Will hoch hinaus
Aber ihr fehlt die bewährte Doktor-Best-Federung

Für *hoch hinaus* hast du gar keine Kraft
Hey Ikarus, fliege nicht zu nah an den Schnaps
Denn immer, wenn du genügend intus hast
Sagst du voller Inbrunst, was
Dir wirklich auf dem Herzen liegt

Und dein nicht mehr ganz frischer Atem
Erzählt, was dir wirklich über die Leber gelaufen ist
Was dich vom Regen in die Traufe zwingt
Und wenn ich dich dann nach Hause bring
Redest du über tausend Dinge
Die dir der Rausch erfindet

Und der nicht mehr ganz frische Abend
Hat dir ein Porträt ins Gesicht gemalt
Und ich lese etwas aus deinem Augenwinkel
Aber das ist wohl auch nur der Lauf der Schminke

Liebes
Über deinen Ideen liegen längst Lagen von Staub
Du machst davon nur raren Gebrauch
Aber erst mal ziehst du eine Nase Vertrauen
Und dann noch eine Nase für die Laune
Und dann noch eine Nase Mal-schauen
Und dann mich durch deinen veganen Kakao
Indem du sagst, dass du glaubst
Dass Leute wie ich sich immer hinter irgendetwas verstecken
Und es so verdammt schwer wäre
In uns noch etwas Echtes zu entdecken

Das sagst du
Zu mir

Du hast jetzt drei Schnaps, drei Mate
Und genügend Ketamin von deinen ehrlichen Freunden
In dir drinnen
Um eine gottverdammte Herde Wildpferde zu betäuben
Deine Farce beginnt zu wackeln
Durch die angeschlagenen Tischbeine
Du reduzierst dich auf das, was du anscheinend wirklich bist
Ein arrogantes Stück Scheiße

Und während du wie immer nach Filtern in deinem Tabak suchst
Gehe ich kurz in mich und eruiere in aller Ruh'
Stelle fest

Alte Freunde, wenn sie sich nach Jahren richtig entpuppen
Sind manchmal wie Mückenstiche
Eine Woche nach dem Open Air

Sie sind noch da
Teils mit dicken Krusten
Aber irgendwann haben sie aufgehört, dich zu jucken

Jetzt, wo manche von uns
Sich sogar noch seltener sehen oder sich schreiben
Als wir uns die Zehennägel schneiden
Beginnen wir, allmählich zu begreifen
Dass das gemeinsame Leben vorbei ist
Und vielleicht ist
Das auch gut so

Klar hast du recht, wenn du sagst:
»So dumm kommen wir nicht mehr zusammen!«
Aber vielleicht steht uns nicht mehr zu
Und wir passen nicht ins Ganze
Ich weiß, wir wären zu etwas Krassem imstande
Aber nimm es mir nicht übel
Wenn ich noch 'ne Nacht drüber tanze

Mich volllaufen lasse
Und morgen wieder übermüdet in den Zug steige
Auf dass es beim nächsten Mal wieder ganz genauso wird
Nur dann hoffentlich
Ohne
»MAU-MAU! Glaubscht es? Isch hab scho wieder gwonne! Ilse, Ilse, isch hab scho wieder gwonne!«

»HALTEN SIE DIE FRESSE JETZT! SIE HABEN NICHT GE-
WONNEN! SIE HABEN NICHT ›MAU‹ GESAGT, NUR WER

›MAU‹ SAGT, KANN AUCH ›MAU-MAU‹ SAGEN! WOHER ICH DAS WEISS? JEDER IN DIESEM SCHEISSABTEIL HAT ES MITBEKOMMEN!«

Es ist acht Uhr morgens, ich stehe in einem beliebigen ICE, und alle gucken mich an, schütteln den Kopf und murmeln: »Der isch aber schlecht glaunt.«

Sorry, habe schlecht geschlafen.

VERGESSEN VERDIENEN

Und nun sitzt sie da, auf der Veranda aus Eichenholz
Schaukelt in ihrem Stuhl und spannt Garn aus reinem Gold
Sie sieht der Sonne entgegen, als wäre sie ihr Lippenleser
Und Sonnenstrahlen spiegeln sich in ihren dicken Gläsern
Sie klopft auch mal eben
Viermal auf das Holz
Von ihrem Brockhaus von Leben

Jede ihrer Falten erzählt 'ne eigene Geschichte
Sterbenslangweilig, aber feierlich berichtet
Mit Pointen, die nur ein sehr altes Leben zeigt
Doch sie selbst ist mittlerweile mehr das Gegenteil
Einer Pointe

Diese Blume ist verwelkt, wird aber schöner von Tag zu Tag
Singen kann sie nicht mehr, aber wenn man ihren Namen sagt
Klingen Melodien wie Schwertspitzen für schlechten Geschmack
Nichtsdestotrotz habe ich einen gefährlichen letzten Verdacht

»Hallo, ich bin's
Ich, David, einer von Joachims Söhnen, weißt du?«

Ein rasches Funkeln im Auge, sie steht nicht sicher
Pendelt her und pendelt hin
Und für einen kurzen Moment
Meine ich, sie erkennt
Ihr Enkelkind

Du schaust mich an, doch siehst mich nicht
Und diese Blicke treffen mich tief
Aber du hast genug gesehen
Ich denke, du hast dir das Vergessen verdient

Die Wohnung hat sich nicht verändert, während ich weg war
Die Wanduhr tickt im selben Takt, wie das Parkett knarzt
Du schläfst immer noch in den alten Decken mit dem einge-
                                          nähten Notfutter
Und Opa sucht immer noch nach ordentlichen Reimen auf
                                          »Großmutter«

Genauso schön wie traurig, wie er da so zitternd sitzt
Er erinnert sich zwar nicht an mich
Aber hält meine Hand, so fest er sie nur halten kann
Und nimmt mir somit all die Angst
Er könnte uns vergessen haben
Nein, man bleibt bei euch in den besten Händen
Bis zu eurem letzten Atem

Du warst immer bequem, doch fast nie bescheiden

Also komme ich mit ein paar Lastern beizeiten
Und baue dir einen Palast da, aus Leinen
Wo du dann thronst mit Ruhe im Herzen und Wasser in den
                                               Beinen
Und klar kommen da Tränen
Nur je früher die da stehen
Umso früher rieche ich dein Kölnisch Wasser und dein Hühner-
                                               frikassee

Erinnerst du noch Weihnachtskerzen
Die die Garnitur vom Sofa vernichten?
Oder die schrägen Töne von Papas Partitur zu Opas Gedichten?
Erinnerst du noch, dass er Frauenheld war
Und warum er sich für dich entschied?
Nicht weil du die Schönste warst
Sondern weil du am besten rochst
Und sein Glück steht ihm bis heute ins Gesicht geschrieben
Deine Kartoffeln sind Erinnerungen
Salz, Butter und festgekocht
Wer pfeift hier auf dem letzten Loch?
Oma lacht, sie steht auf die Sprüche
Ich stehe auf und hole die Kanne Tee aus der Küche
Auf eurem kleinen Servierwagen
Ich weiß noch, als wir drei oder vier waren
Da haben wir den als Doppeldecker benutzt
Doch du schaust mich etwas verwirrt an
Unschlüssiger Blick und etwas verdutzt
Weil du keine Ahnung hast, wovon ich da spreche
Weil du einfach nicht mehr weißt, wer ich bin
Sagst du: »Tut mir leid, wenn ich Sie unterbreche

Es ist nur so, wenn ich ehrlich bin
Wäre es mir dringlich lieber
Sie gingen wieder«
Und da steh ich nun vor dir
Als wäre unsere Bekanntschaft ein Unfall gewesen
Du siezt mich!
Du siezt mich, und meine Anwesenheit ist dir unangenehm
Du guckst mich an, doch siehst mich nicht
Hier irgendwo im Westen Berlins
Du schämst dich dafür, mich nicht zu erkennen
Aber du hast dir das Vergessen verdient
Und so geht das jedes Mal, wenn ich mich zu dir schwinge
Wenn ich euch besuche und euch frische Blumen bringe
Jedes Mal wiederholen wir eine Unterhaltung in einem Redetakt
Der so monoton ist, dass es die Unterhaltung nie gegeben hat

Manchmal sagt dir das Gesicht was, nur was, fällt dir nicht ein
Manchmal grinst du, wenn ich reinkomme, eine Seltenheit
Meistens schüttelst du den Kopf, und deine Augen sind leer
Meistens bist du überfordert und verwirrt und ziehst dich aus
dem Verkehr

Und das zerfrisst mich wie Säure in meiner Speiseröhre
Und meistens gehe ich, bevor ich dich in deinem Zimmer
weinen höre

Und während ich zum Bus schlendere
Lehnt sie am Geländer und ruft
»Jochen, wer war denn das?«
»Ich weiß es nicht, aber ich schätze, wir kennen ihn ganz gut«

Und ich ertappe mich plötzlich nicht mehr beim Schwelgen in Erinnerungen
Sondern beim Träumen von einer Zukunft mit schmerzbefreitem Hintergrund
Da setzt sie sich wieder in den Schaukelstuhl
Die Verwirrung verschwindet, sie wirkt ausgeruht
Und wenn dann ihr betagtes Gesicht in die warmen Sonnenstrahlen taucht
Erinnert sie sich, hoffentlich
Erinnert sie sich und hört dann zu atmen auf

Doch das Schlimmste ist
Wenn das Ganze dann schon so lange her sein wird
So lange her
Dass die Jahre im Wetterwahn wie Wespen verfliegen
Und ich mich dann so gern besser an sie
Erinnern würde
Und immer fürchte
Ich habe nicht genug getan
Sondern ich habe das Vergessen verdient

Diesen Text anhören:
http://satyr-verlag.de/audio/friedrich6.mp3

ZUKUNFTSVISIONEN

*Verfasst zusammen mit Björn Dunne
für das Slam-Team »Neurosenstolz«*

Wir haben die ganze Welt mit Strom versorgt
Ein Kokon umspannt den Globus
Wir haben Rohkost von Bofrost und Sensoren im Orbit
Mein Telefon kann sprechen, kochen, waschen und rechnen
Und es gibt nicht mehr so viele Länder mit Rassengesetzen

Wir haben
Unterirdisch schwarze Löcher aus dem Nichts erschaffen
Müssen nur einen Schalter kippen, um Tageslicht zu machen
Maschinen verschicken
Kisten mit Maschinen, die die Kisten packen
Ist schon krass:
Der Shit ist ohne Scheiß auf unserem Mist gewachsen

Unsere solarbetriebenen
Hochtechnologischen Großstädtewohnungen
Sind vom Boden bis oben
Komplett biologisch

Wir leben schon in der Zukunft
Sind vernetzwerkt schon im Schulalter
Es ist 2016, aber es heißt immer noch

Ja, des is jetzt voll schwul, Alter
Die Aktion is derbe behindert, Digga

Denn wenn wir uns die Zukunft vorstellen
Dann sehen wir ein schwebendes Partygeschirr
Das synthetischen Kaviar serviert
Und nicht, dass sich in den einschlägigen Gremien
Weniger Fanatiker verirren

Nicht weniger arbeitende Kinder mit Narben im Gesicht
Sondern einen Roboter
Der montags die Kotze von der Straße aufwischt

Würden die Karten gemischt
Wäre es uns gar nicht so wichtig
Armut zu vernichten
Sondern wir würden mit Hab und Gut gesichert
Auf dem abgehobenen Raumschiff ins Abendrot blicken

Zukunft hieße, alle Jobs wären optimiert
Hoher Arbeitslohn und am besten nichts mit Menschen zu tun
Wir wären ständig unter Strom
Kabellos mit unbegrenztem Volumen
Wir hätten aber auch endlich mal Ruh'
Wären nur auf Kur und am Chillen
Würden nicht den Horizont erweitern, sondern nur die Pupillen

Hach, irgendwann wird sich die wahre Zukunft schon noch zeigen!
Aber da kommst du und sagst:
- *Hey, wir haben doch jetzt schon superviel erreicht!*
- *Ja? Was denn? Smartphones und Fernseher, die an den Seiten gebogen sind?*
- *Nein. Wir wissen jetzt was unser Körper braucht, und passen auf ihn auf.*

Alle sind gleichberechtigt, und das gilt auch für Frauen
Fahrzeuge sind umweltfreundlich, machen keinen Staub
Und es werden an Krisenherde fast keine Waffen mehr verkauft
Zuchttiere werden nicht mehr maßlos, massenhaft verbraucht
Adoptionsrecht für Schwule
Die Schweizer schaffen nicht mehr aus
Wir sind vorurteilsfrei gegenüber anderen Religionen
Im Ernst, das funktioniert so gut
Das ist schon langsam 'ne Symbiose
Wir laden doch Flüchtlinge quasi ein, in unserem Land zu bleiben
Okay, nein. Aber wir können sie mittlerweile
Ganz gut voneinander unterscheiden

Wir sind Menschen mit gewissen Fehlern – gebe ich zu
Aber man könnte schon größere Träume haben
Als freies WLAN in 'nem Zug
Wir sehen ungern die öde Wahrheit, wie sie ist
Böse Zungen behaupten gar, der gute Mensch arbeite an sich
Ja, vielleicht braucht auch nur in China
Der richtige Sack Fair-Trade-Reis zu kippen
Um uns in eine weit entfernte Zeit zu schicken
Eine Kettenreaktion, das Schmetterlingsyndrom
Und wir landen in der Zukunft
Nur in der besseren Version

Hier wurde
Die Führungsriege ausgetauscht durch hippe Demokraten
Hier wird dir nicht mehr in dein Haus geschaut
Niemand blickt in deine Karten
Du hast hier keinen Krebs, kein AIDS, keinen Tumor
Der in fiesen Arten verwächst
Sondern nur Burn-out, Depressionen
Und jedes Kind von der Wiege an ADHS

Der beste Freund des Menschen
Ist die jedem sympathische Pharmaindustrie
Und Lieblingsreiseziel für Familien
Ist das ehemalige Gaza-Kriegsgebiet

Szenenwechsel:

– *Jeffrey! Mein treuer Hausroboter!*
  Bringst du unseren Gästen für ihren Tee Zucker?
– *Der Kuchen ist aber lecker! Ist der selbst gemacht?*
– *Nee, aus meinem 3D-Drucker!*
– *Sagen Sie, Ihr Mann ist Chirurg, nicht wahr?*
  Schade, dass er nicht hier ist
– *Nun, er musste leider Patronen kaufen gehen*
  Denn er braucht bis heute Abend noch 'ne Niere
  Und die Drohnenpostboten sind ja momentan im Streik
– *Ach herrje, was ist nur los mit unserer Zeit?*

Wir haben die Welt nicht besser gemacht, sondern nur
                                            produktiver
Und auf jedes neue iPhone folgt ein neues Fukushima

Einmal die Woche regnet es TNT
Und wir verschanzen uns in Schutzräumen
Gegen Smog und Gestank
Kämpfen wir mit gigantischen Duftbäumen

Unsere Datenflats bringen uns ins Bett
Und wir haben Panik vor dem Schlafen
Denn wir schieben Paras
Und die Schuld auf Schurkenstaaten und Islam
Sind immer noch rücksichtslos bei jedem Flüchtlingsboot
Und wenn du doch an Land kommst, Asylant, dann
Bücke dich hoch
Aber wir sind hier moderne Menschen
Unsere Gesellschaft reguliert sich von selbst
Es ist 2016, und man hört immer noch:
Ja, dann geh doch dahin zurück, wo du herkommst
Wenn es dir hier nicht gefällt

Wir messen Fortschritt
An Erfindungen von verrückten Professoren
Forscher und Doktoren
Bringen uns jeden Tag ein Stückchen mehr von morgen
Wir selbst erfinden nur Ausreden
Auf die wir uns vermehrt stützen
Wobei die Lösungen
Meist gar nicht erst erfunden werden müssten

DIE CARAZZA

Wenn Sätze ihren Wert verfehlen
Wird das keine gute Geschichte
Ich werde euch keinen vom Pferd erzählen
Aber meine Stute macht Gedichte

Das Ding, an dessen Bein gerade ein Dackel pisst
Schnauft: »Igitt! Reiter, bitte rette und sattle mich!
Fütter mich mit Rüben und Rettich
Und deine Mühen werden letzlich
Galopp übend, geschätzt, Bitch!«

Wenn selbst die Küken entsetzt sind
Dann genügt nicht nur Skepsis
Nein, der übliche Sprechshit
Ist nicht süß, eher ätzend

Was ist mit der Sprache der Tiere los?
Sag nicht, sie bellen und wiehern bloß!
Mit der Heugabel bewaffnet

Ruft der Bauer, gestresst bis zu den Falten
»Ich hab den Hof hier beim Teutates gepachtet
also erwarte ich angemessenes Verhalten!«

»Wie bitte, was?«, tönt da der Gaul
Während er sich lässig an der Kniemitte kratzt
Einen Grashalm im Maul kauend, kurz wild ausschnaufend
Dann springt er mit einem stolzen Satz aus dem Stall da
Stellt sich vor den Bauern, böse blickend, und sagt: »Alter
Du schmierst mir Brötchen, doch ich muss würgen von der
Schrippe
Dein Gelaber interessiert mich so sehr wie Jürgen von der Lippe
Nämlich gar nicht
Jetzt sieh zu, dass du weiterkommst
Oder sieh zu, wie dein Pferd dir in den Arsch tritt
Ich rede, wie und was ich will
Jetzt geh zurück zu deinem Plastikgrill
Und brate dir 'n paar Würste mit Senf
Aber vorher nimm hier die Bürste, und kämm!
Mein Fell muss gepflegt werden
Als Pferd ist das Leben mehr
So ein Sehen und Gesehenwerden
Und sehe ich 'n Pferdchen
Will ich nicht aussehen wie ein Seepferdchen«

An dieser Stelle distanziert sich der Autor vom Pferd, vom Hof, ja vom ganzen Text.
Als der Autor nach einiger Zeit zu seinem Text zurückfindet, sind Bauer und Pferd in einen wilden Streit verwickelt. Die beiden beschimpfen sich wild und willkürlich, werfen mit Ausdrü-

cken und Gegenständen um sich wie Tollwütige. Mittlerweile ist auch Markus Lanz vor Ort und versucht, die Situation ein wenig zu beruhigen.
»So. Jetzt versuchen wir uns alle mal ein bisschen zu beruhigen, ja? Pferd, sag mal, was stört dich denn am Bauern am meisten, und was unsere Zuschauer natürlich interessiert, ist, was heißt das für den deutschen Steuerzahler?«

»Na ja, er gibt mir viel weniger Futter als den Kühen und den Schweinen. Und er ist ständig betrunken. Außerdem bringt er es nicht mehr beim ... Ausreiten.«
»WAS? Das ist ja was ganz Neues! Vielleicht sollt' man dir mal deftig die Sporen geben! Und was das Essen angeht, die anderen Tiere essen mehr, weil sie auch was tun im Gegensatz zu dir!«
»Hey, hey, hey, ihr beiden. Ganz ruhig bleiben, ja. Herr Bauer, was stört Sie denn am meisten an Ihrem Gaul? Und was bedeutet das für die EU, die Bundesregierung und für mich?«
»Also vor allem nervt mich seine Ausdrucksweise! Die ist unerhört! Und er hat 'nen fetten Arsch bekommen!«
(Wiehern) »Das sagt der Richtige, Fettsack!«

An dieser Stelle schüttelt der Autor den Kopf und denkt: Nein, das wird nichts mehr. Eigentlich wollte er eine Pferdegeschichte für seine Nichte schreiben.
Alle Tiere sind gleich, nur manche sind gleicher. George Orwell.
Der Bauer sagte sich zuletzt allerdings: Alle Tiere sind Fleisch, nur manche sind Fleischer.
So wurde aus dem Pferd Salami und aus Markus Lanz eine Carazza.

STAUB

Ich mach das Fenster auf, schweißgebadet
Es ist ein heißer Tag wie die meisten Tage
An den Wänden zerfließt die weiße Farbe
Tropft auf das PVC, das Wellen wirft
Es ist Lebensqualität, die an allen Stellen stirbt
Man macht das Beste draus, bleibt auch vernünftig
Der Kalender sagt: Es ist *(viel zu heiß für)* Januar im Jahre 2050

Die Zivilisation ist alt geworden und verbraucht
Die Augen sind müde, und die Ohren sind taub
Wir werden geboren in dem Staub
Begraben die Toten in dem Staub
Vegetation ist vergoren in dem Staub
Atemwege und alle Poren voll mit Staub
Wir sind verloren in dem Staub
Aber gewöhnt an den Staub

Ich vertreibe mir heute meinen Tag hier
Mit immer noch demselben Schnickschnack

Wie überteuertem Craft-Bier
Indian Pale Ale Summer Edition
Ein aufdringlicher Hopfengeschmack, zu Beginn unangenehm, aber wenn man sich auf ihn einlässt, dann wird es auch nicht weniger.
Zum Glück ist im Kühlschrank noch Platz
Für mich
Denn die Hitze hat es sich gemütlich gemacht

Wir Senioren sind immer mehr geworden
Und man hört die Leute sagen

Das sind einfach zu viele!
Die hängen den ganzen Tag im Park
Besaufen sich und bepöbeln Passanten
Und die haben alle Smartphones
Woher haben die alle Smartphones?
Deswegen reden die gar nicht mehr miteinander! Zocken den ganzen Tag Pokémon Go und fühlen sich superjung, obwohl sie superalt sind
Die riechen auch anders, irgendwie ein wenig ... streng
Die haben gehört, hier im Haus Sonnenschein, Altenheim Quickborn, da kann man es sich gut gehen lassen, schön bedienen lassen, und Geld gibt es auch, ne
Und die linksversifften Grünwähler, die gucken nur zu und klatschen Applaus, während der Senior der Bedienung auf den Hintern glotz
Die sind ja alle sexuell frustriert, weil deren Frauen tot sind
Oder abgehau'n, nach Ungarn, aus Angst vor Flüchtlingen
So was muss man hören
Auf der Straße

Wenn man überhaupt noch was hört
Mit dem ganzen Staub in den Ohren
Auf dem Dachboden habe ich neulich ein altmodisches Tablet gefunden. Hat noch funktioniert
Darauf habe ich mir Bilder von früher angeguckt
Früher. Vor dem Staub

Wir hätten es wissen müssen
Wir hätten es kommen sehen müssen
Wir wussten es, wir wussten alles
Und es ist auch nicht so, dass wir es nicht versucht hätten
Unser Planet hat uns Signale gegeben, deutliche Signale, wie ein nervtötender Wecker, der schrill und laut Sirenengeräusche gegen das Trommelfell schmettert. So hat unser Planet uns darauf aufmerksam gemacht, aber wir haben immer wieder Snooze gedrückt. Oh nöö, nicht jetzt schon anfangen mit erneuerbaren Energien, ich will noch 'ne Runde Atomstrom
Aber die Frühaufsteher unter uns befassten sich mit den Problemen und entwickelten Apps
Wir hatten Apps gegen den Klimawandel, wir hatten Regenwaldtreueherzen auf Bierflaschen, wir hatten »Rettet die Polarbären«-Merchandiseprodukte. Die Energiewende wurde kommerzialisiert, und Leute, sorry, wir hatten einen eigenen Hashtag für die Erderwärmung
Wir wussten, dass wir handeln müssen
Etwas tun, nachhaltig denken, ein neues Bewusstsein entwickeln
Denn – das ist heute so lange her, und man kann sich das nicht mehr richtig vorstellen – wir sind geflogen, von Hamburg nach Mailand für 29 Euro. Mit Easyjet, nicht die größte Bein-

freiheit, aber mit einem Drei-Gänge-Menü, bei dem jeder Gang mehrere Produkte enthielt, die alle einzeln verpackt waren, und das Besteck war auch verpackt und das Brot dazu auch und der Käse noch mal, und das Getränk war auch noch mal in einer Plastiktüte, und wenn man die ganze Verpackung erst mal geöffnet und beseitigt hatte, dann war man schon gelandet

Uns war klar: Wir müssen was ändern. Wir kannten ja die Bilder von den in Plastikverpackungen verfangenen Meerestieren und so. Nur war es schwierig, was zu ändern, denn neben dem anstrengenden Job in der Werbeagentur, dreimal die Woche Fitness, zweimal die Woche Sex, dann die Eltern, die immer mehr abbauen, und mindestens ein Freund pro Monat, dem man beim Umzug helfen soll, dann samstags Sportschau, dienstags und mittwochs Champions League, Facebook-Statusmeldungen, Instagram-Follower checken, bei YouTube Videos von Poetry-Slammern gucken, und dann hat mich der Text auch erst mal total nachdenklich gemacht, weil das stimmt ja schon, was die sagt, und das kostet ja alles Zeit. Am Wochenende auch mal aufs Land, hier und da ein Junggesellenabschied, die Hemden von der Reinigung holen, Fenster putzen, bei der Telekom anrufen, weil das Internet so langsam ist. *Entschuldigen Sie bitte, ich gucke hier gerade Game Of Thrones, und mitten in der Szene mit dem bärtigen, nackten Mann, der intim wird mit einem Drachen, der wiederum seine Schwester ist, und dann BLEIBT DAS BILD EINFACH STEHEN. Jetzt lädt der schon seit 3 Minuten, und ich gucke die ganze Zeit auf diesen Penis!* Neben Early-Bird-Festivaltickets online kaufen und Bücher über Sadomaso-Sex lesen, dann auch noch die Kinder, der Kleine muss zum Taekwondo, und

Charlotte hatte ihre erste Menstruation, Essen kochen, einkaufen, shoppen, Wellness, Maniküre, Pediküre, Sektempfang, ins Kino gehen, Socken stricken, Sudoku in der Zeitung, und ich brauch auch mal ein bisschen Zeit für mich!!! ALSO 'TSCHULDIGUNG, DASS ICH DA NICHT AUCH NOCH ZWISCHENDRIN MAL EBEN DIE ERDERWÄRMUNG STOPPEN KANN!

Ich mach das Fenster auf, schweißgebadet
Es ist ein heißer Tag wie die meisten Tage
Manche sagen, es wäre nur eine Phase
Wir waren schon immer gut im Scheiße labern

Jetzt stehe ich am Fenster, gucke raus gerade
Jedes Haus und die Straße unter Staublagen
Man sagte uns, dass wir unserer Zukunft voraus waren
Wie sie wirklich wird, wollen wir uns nicht ausmalen

Haben unsere Zeit verschwendet mit Bausparen
Oder Ausgaben, *du brauchst Ausgaben*
Sonst musste steuertechnisch am Ende noch draufzahlen
Wir haben gearbeitet für unser Leben
Wir haben Ja gesagt zu allem und jedem

Wir haben unser Haltbarkeitsdatum deutlich aufgeschoben
Haben Haus und Boot
Jetzt wächst nur noch wenig auf dem Boden
Dafür Staub in Poren
Und taube Ohren

Jetzt stehe ich als alter Mann da
Auf meiner Veranda
Ein Kronkorken knallt
Eine Flasche kühles Craft-Bier – klingt gut
Befeuchte meine trockenen Lippen
Und sag mir
Nach mir

Die Sintflut

 *Diesen Text anhören:*
http://satyr-verlag.de/audio/friedrich7.mp3

Überall erhältlich und bei www.satyr-verlag.de

LYRISCHE ALLTAGSBEWÄLTIGUNGEN

Kaum ein anderer Bühnenpoet schafft den Spagat zwischen Unterhaltung und Ernsthaftigkeit so gut wie Felix Römer. Auf der Bühne besticht er durch seine markante Stimme, seinen Humor und seine Leidenschaft. In seinen Texten treffen sich Pathos und Melancholie, Ernst und Komik, analytischer Scharfsinn und bissige Pointen. Felix Römers Texte lassen niemanden kalt, sie sind eindringliche Poesie mit Durchschlagskraft.

»Ich habe mit Felix Römer die schlimmste Nacht meines Lebens verbracht. Ansonsten kann ich ihn privat und beruflich uneingeschränkt empfehlen.«
(Marc-Uwe Kling)

Felix Römer
Verhinderter Held
Klappenbroschur, 96 S., 10,90€, inkl. 6 Audiolinks
ISBN: 978-3-944035-54-3 (auch als E-Book erhältlich)

Überall erhältlich und bei www.satyr-verlag.de

86 Texte – 55 Autorinnen und Autoren, darunter 18 Deutschsprachige Poetry-Slam-Champions – 20 Jahre Poetry Slam in Deutschland – 1 Sprache

Zum zwanzigsten Jubiläum der deutschsprachigen Poetry-Slam-Bewegung stellt diese Textsammlung die Sprache selbst in den Mittelpunkt.

Mit Beiträgen von Nora Gomringer, Marc-Uwe Kling, Bodo Wartke, Sebastian Krämer, Julian Heun, Theresa Hahl, Sebastian 23, Patrick Salmen, Lars Ruppel, Andy Strauß, Pierre Jarawan, Volker Strübing u. v. a. m.

Buch inkl. 22 Links zu Audio-Files: ausgewählte Texte, von den Poeten selbst vorgetragen.

Bas Böttcher, Wolf Hogekamp (Hrsg.)
Die Poetry-Slam-Fibel
Klappenbroschur, 288 S., 14,90 €
ISBN: 978-3-944035-38-3